Melanie Lietz

Erfolgt das Informations-Integrations-Kategorienlernen über das visuell-räumliche Arbeitsgedächtnis?

Eine empirische Studie

Bachelor + Master
Publishing

Lietz, Melanie: Erfolgt das Informations-Integrations-Kategorienlernen über das visuell-räumliche Arbeitsgedächtnis? Eine empirische Studie, Hamburg, Diplomica Verlag GmbH 2013
Originaltitel der Abschlussarbeit: Einfluss der Auslastung des verbalen und des visuell-räumlichen Arbeitsgedächtnisses auf das Informations-Integrations-Kategorienlernen

ISBN: 978-3-95549-072-0
Druck: Bachelor + Master Publishing, ein Imprint der Diplomica® Verlag GmbH, Hamburg, 2013
Zugl. Otto-von-Guericke-Universität Magdeburg, Magdeburg, Deutschland, Bachelorarbeit, September 2011

Bibliografische Information der Deutschen Nationalbibliothek:
Die Deutsche Nationalbibliothek verzeichnet diese Publikation in der Deutschen Nationalbibliografie; detaillierte bibliografische Daten sind im Internet über http://dnb.d-nb.de abrufbar.

Die digitale Ausgabe (eBook-Ausgabe) dieses Titels trägt die ISBN 978-3-95549-572-5 und kann über den Handel oder den Verlag bezogen werden.

Zusammenfassung

Es wird angenommen, dass das menschliche Erlernen neuer perzeptueller Kategorien je nach Beschaffenheit der Kategorien über unterschiedliche kognitive Systeme verläuft. Dabei wurde bisher eine Trennung der Systeme nach expliziten und impliziten Prozessen vorgenommen (Ashby et al., 1998). Demnach hängt das Informations-Integrations-Kategorienlernen stark von einem prozedural lernendem System (implizit) ab und ist aufgrund der Bildung von Assoziationen zwischen Stimulus und Reaktion auf ein zeitnahes Feedback angewiesen (Maddox et al., 2003). Minda und Miles (2010) postulierten eine darauf aufbauende Theorie, in der sie die Systeme nach verbalen und nonverbalen Prozessen differenzieren und das Informations-Integrations-Kategorienlernen auch ohne Feedback mithilfe des visuell-räumlichen Arbeitsgedächtnisses erfolgen kann. In der vorliegenden Arbeit wird ihre Theorie des verbalen und nonverbalen Kategorienlernens überprüft und speziell die Annahme untersucht, ob das visuell-räumliche Arbeitsgedächtnis in den Lernprozess von Informations-Integrations-Kategorien eingebunden ist. Dazu wurden 32 Probanden im Sinne des Dual-Task-Paradigmas aufgefordert Kategorien einer Informations-Integrations-Aufgabe über die Beobachtung von Beispielstimuli zu erlernen, während gleichzeitig ihr Arbeitsgedächtnis entweder mithilfe einer verbalen oder visuell-räumlichen Zusatzaufgabe ausgelastet wurde. Um eine Assoziation zwischen Stimulus und Reaktion zu vermeiden, wurde von einem Feedback abgesehen. Die Ergebnisse des Experiments konnten zeigen, dass die Lernleistung in der Kategorisierungsaufgabe signifikant abnahm, wenn die Probanden simultan eine visuell-räumliche Aufgabe im Vergleich zu einer gleich schweren verbalen Aufgabe bearbeiten mussten. Dies spricht für die Annahme, dass das Erlernen von Informations-Integrations-Kategorien nicht zwingend an ein Feedback gebunden und das visuell-räumliche Arbeitsgedächtnis in den Lernprozess involviert ist. Die vorliegende Arbeit stellt somit eine Evidenz der Theorie von Minda und Miles (2010) dar.

Abstract

There is a general assumption that human perceptual category learning is mediated by different cognitive systems depending on how the categories are constructed. Until now the distinction in an explicit and an implicit system was assumed (Ashby et al., 1998). According to this theory information-integration categorization heavily depends on a procedural learning system (implicit) and relies on immediate feedback, because of formation of associations between the stimulus and the reaction (Maddox et al., 2003). Based on the previous assumptions Minda and Miles (2010) postulated a theory, in which they separate the systems in verbal and nonverbal processes. They suggest that information-integration categorzation can also be learned without feedback using visuo-spatial working memory. The present paper examines their theory of verbal and nonverbal category learning and in particular investigates the assumption whether visuospatial working memory is involved in the learning process of information-integration categories. Using the dual-task-paradigm 32 subjects were instructed to learn information-integration categories via observation during their working memory simultaneously was used by either an additional verbal or visuospatial task. No feedback was provided to prevent an association between stimulus and reaction. The experiment shows that categorization performance significantly decreases, when subjects have to fulfill the visuo-spatial task compared to the verbal task. This result supports the assumption that information-integration category learning is not necessarily bound to feedback and that visuospatial working memory is involved in the learning process. So the present paper provides evidence for Minda and Miles' (2010) theory.

Inhaltsverzeichnis

1 Einleitung

Das Kategorisieren erlaubt es uns die immense Masse an Informationen, der wir ständig ausgesetzt sind, zu komprimieren und basiert darauf, dass verschiedene Objekte, die sich in bestimmten Merkmalen ähneln, die gleiche Reaktion hervorrufen. Anstatt also für jedes uns neue Objekt eine eigene Kategorie entwickeln zu müssen, können wir dieses in eine bereits bestehende Kategorie einordnen, in dem sich Objekte mit ähnlichen Merkmalen befinden, die die gleiche Reaktion nach sich ziehen. Doch wie verhält es sich, wenn man mit Objekten konfrontiert wird für die noch keine passenden Kategorien vorhanden sind? In dem Fall müssen die Objekte auf Ähnlichkeiten in relevanten Merkmalen überprüft werden, um neue Kategorien bilden zu können, denen die Objekte dann zugeordnet werden. Aufgrund der Bedeutung des Kategorisierens im Alltag ist es nicht verwunderlich, dass den Prozessen, die das Bilden perzeptueller Kategorien beeinflussen, ein großes Interesse zuteil wurde. Im Laufe der Zeit wurden unterschiedliche Formen des Kategorienlernens voneinander abgegrenzt und auch verschiedene Theorien bezüglich der Prozesse, die hinter dem Lernprozess stehen, entwickelt. Einen Überblick über die verschiedenen Formen und die angenommenen behavioralen und neuropsychologischen Prozesse während des perzeptuellen Kategorienlernens bietet die Arbeit von Ashby und Maddox (2005).

In dieser Arbeit wird die Theorie von Minda und Miles (2010) untersucht, die den Einfluss verbaler und nonverbaler Prozesse auf das Kategorienlernen beschreibt. Dabei beschränkt sich die vorliegende Studie auf die Überprüfung des Einflusses des verbalen und des visuell-räumlichen Arbeitsgedächtnisses auf das Informations-Integrations-Kategorien-lernen. Für die Untersuchung wird die verbale oder die visuell-räumliche Komponente des Arbeitsgedächtnisses durch eine Kombination aus Delayed-Matching-Aufgabe und Dual-Task ausgelastet, während die Zuordnung von Objekten zu den Kategorien erlernt werden muss.

2   Theoretischer Hintergrund

Nachfolgend werden alle psychologischen Konstrukte, die für das Verständnis der Studie notwendig sind, näher erläutert. Dabei ist zu beachten, dass nicht auf alle in der Literatur beschriebenen Aspekte eingegangen wird, sondern nur auf diejenigen, die für die vorliegende Arbeit von Relevanz sind.

2.1   Arbeitsgedächtnis

Die Begriffe „Arbeitsgedächtnis" und „Kurzzeitgedächtnis" werden häufig synonym verwendet. Allerdings dient das Kurzzeitgedächtnis nur der Speicherung von Informationen, während die Struktur des Arbeitsgedächtnisses komplexer und eher prozessorientiert ist. Demnach kann das Arbeitsgedächtnis als eine Art Kurzzeitspeicher betrachtet werden, in dem eine begrenzte Menge an Informationen, die für eine komplexe Aufgabenstellung von direkter Relevanz ist, nicht nur aufrecht erhalten, sondern auch manipuliert wird (Miyake & Shah, 1999, zitiert nach DeCaro, Thomas & Beilock, 2008). Eines der einflussreichsten Arbeitsgedächtniskonzepte stellt das von Baddeley und Hitch (1974) eingeführte *Mehrkomponenten-Modell* dar. Dieses postulierten sie ausgehend von Experimenten, in denen das Kurzzeitgedächtnis durch das Behalten und Wiederholen von Zahlenreihen blockiert wurde, während simultan komplexe Aufgaben wie logisches Denken, Verstehen oder Lernen bearbeitet werden mussten. Das Modell umfasst zwei voneinander weitgehend unabhängige Speichersubsysteme: die *Phonologische Schleife* als verbales und den *Visuospatialen Skizzenblock* als visuell-räumliches System. Die Unabhängigkeit dieser beiden Systeme wird durch Läsionsstudien gestützt, in denen Patientengruppen mit unterschiedlichen Läsionen komplementäre Defizite in verbalen und visuell-räumlichen Aufgaben zeigten (für einen Überblick siehe Della Sala & Logie, 2002). Laut Baddeley (2010) beinhaltet die Phonologische Schleife einen begrenzten Speicher, dessen Inhalt nach etwa zwei Sekunden verfällt, sofern dieser nicht durch Wiederholungsprozesse (Rehearsal) aufrecht erhalten wird. Zusätzlich können auch durch das Rehearsal verbalisierte Informationen von ehemals visuell präsentierten Stimuli gespeichert werden. Der Visuospatiale Skizzenblock hingegen ist für das Memorieren und Manipulieren von visuellen und räumlichen Informationen zuständig (Baddely, 2007). Ursprünglich wurde dieses Subsystem als einheitlicher Speicher betrachtet, allerdings liefern Ergebnisse aus Dual-Task-Paradigmen (siehe 2.1.3.2) Evidenz für eine Trennung zwischen visuellen und räumlichen Informationen (u.a. Darling, Della Sala & Logie 2009; Della Sala, Gray, Baddeley,

Allamano & Wilson, 1999; Logie 2003). Die dritte Komponente, die *Zentrale Exekutive,* ist die komplexeste und wohl am wenigsten verstandene Komponente innerhalb des Arbeitsgedächtnismodells. Sie koordiniert die beiden Subsysteme untereinander und stellte ursprünglich einen Pool allgemeiner Verarbeitungskapazität für alle komplexen Prozesse dar, die sich nicht eindeutig einem der beiden Subsysteme zuordnen ließen (Baddeley, 2003, 2007). Basierend auf den Arbeiten von Norman und Shallice (1986) zum *Supervisory Attentional System* (SAS), wurde das Konzept der zentralen Exekutive in ein limitiertes Aufmerksamkeitssystem ohne Speicherfähigkeit geändert. Ihre Funktion besteht seither zusätzlich zu der Koordination der Subsysteme in der Fokussierung, der Teilung und dem Wechsel von Aufmerksamkeit (Baddeley, 2003). Später wurde das Modell durch den *episodischen Puffer* ergänzt, der fähig ist multimodale Episoden aus visuellen und auditorischen Informationen zu speichern. Die ursprüngliche Annahme, er spiele durch das Bündeln von Informationen zu integrierten Episoden eine aktive Rolle, wurde durch neue Studien (Baddeley, Hitch & Allen, 2009) nicht bestätigt. Daher wird angenommen, dass er eher als passiver Speicher dient. Zusätzlich bildet er die Schnittstelle der bisherigen drei Komponenten mit dem Langzeitgedächtnis (Baddeley, 2007). Die Ergänzung dieses weiteren multimodalen Speichersubsystems war nötig, da dem Modell ein System fehlte, das den Prozess des Chunkings und die Interaktion mit dem Langzeitgedächtnis sowie die Interaktion zwischen der Phonologischen Schleife und dem Visuospatielen Skizzenblock ermöglichte (Baddeley, 2003).

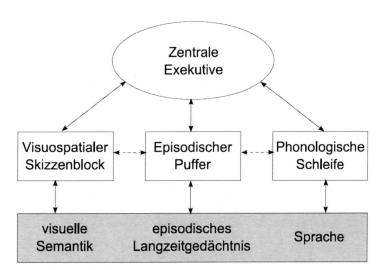

Abbildung 1. Das revidierte Mehrkomponenten-Modell (nach Baddeley, 2010). Es ist deutlich, dass die Phonologische Schleife und der Visuospatiale Skizzenblock über den episodischen Puffer in Interaktion treten können und dieser für alle Komponenten die Schnittstelle zum Langzeitgedächtnis bildet. Die zentrale Exkutive als Aufmerksamkeitssystem steht in Verbindung mit allen Subsytemen und koordiniert diese.

Demnach beinhaltet das revidierte Modell eine Kontrollinstanz für die Aufmerksamkeit, die zentrale Exekutive, und drei temporäre Speichersysteme, die Phonologische Schleife, den Visuospatialen Skizzenblock und ein allgemeineres multimodales Speichersystem, den episodischen Puffer. Abbildung 1 stellt das aktuelle Arbeitsgedächtnismodell dar. Folgend werden die für die vorliegende Arbeit relevanten Komponenten, die Phonologische Schleife und der Visuospatiale Skizzenblock, näher erläutert.

2.1.1 Phonologische Schleife

Die Phonologische Schleife stellt das verbale Subsytem in Baddeleys und Hitchs 1974 postuliertem Arbeitsgedächtnismodell dar. Sie nehmen an, dass die Phonologische Schleife aus zwei Komponenten besteht: dem *phonologischen Speicher* und dem *artikulatorischen Rehearsalprozess*. Laut Baddeley (2010) können im phonologischen Speicher verbale Gedächtnisspuren für etwa zwei Sekunden gehalten werden, bevor sie verfallen. Das Rehearsal dagegen ist ein aktiver Prozess, der dem Verfall dieser Gedächtnisspuren durch verbales oder subvokales Wiederholen entgegenwirkt. Weiterhin wird es benötigt, um die Grapheme visuell präsentierten Materials in Phoneme umzuwandeln, sodass diese in den phonologischen Speicher gelangen können. Demnach kann visuell verbale Information stets nur über den Umweg des Rehearsals in den Speicher eintreten, während akustisch präsentiertes Material direkten Zugang besitzt. Dieses bildet die Ausgangslage für eine weitere Annahme, die besagt, dass das Wiederholen von Wörtern, die nicht im Zusammenhang mit der eigentlichen Aufgabe stehen (artikulatorische Unterdrückung) verhindert, dass visuelles in phonologisches Material umkodiert werden und somit in den phonologischen Speicher gelangen kann (Baddeley, 2010). Dies ist eine oft verwendete Methode, wenn sichergestellt werden soll, dass Informationen nicht verbalisiert werden. Im Gegensatz dazu kann akustisches Material, aufgrund eines direkten Zugangs zum phonologischen Speicher, aufgenommen werden, auch wenn die phonologische Schleife bereits verwendet wird (Dittrich, 2009).

Die artikulatorische Unterdrückung stellt einen der vier Effekte dar, die als Evidenz für die phonologische Schleife herangezogen werden. Der phonologische Ähnlichkeitseffekt, der Wortlängeneffekt und der Effekt irrelevanter Sprache bilden die übrigen Effekte (Baddely 2003, 2010; für einen Überblick siehe Logie, 1995), welche allerdings für die vorliegende Arbeit nicht von Relevanz sind und daher nicht näher erläutert werden.

2.1.2 Visuospatialer Skizzenblock

Der Visuospatiale Skizzenblock stellt das visuell-räumliche Subsystem im Arbeitsgedächtnismodell von Baddeley und Hitch (1974) dar, dessen Speicherkapazität bei etwa drei bis vier (komplexen) Objekten liegt, die wiederum mehrere Merkmale, wie z.B. Farbe, Größe und Form umfassen können (Luck & Vogel, 1997). Dies spricht dafür, dass das visuell-räumliche Arbeitsgedächtnis die Eigenschaften komplexer Objekte in ähnlicher Weise zusammenfasst, wie das verbale Arbeitsgedächtnis Buchstaben zu einem Wort. Ursprünglich wurde das System als einheitlicher Speicher für visuelle und räumliche Informationen konzipiert, ohne dass eine genauere Differenzierung vorgenommen wurde. Logie (1995) schlug analog zur phonologischen Schleife ein detaillierteres Modell des Skizzenblocks vor, in dem zwischen einem passiven *visuellen Speicher* und einer aktiven Komponente, dem *inneren Skizzieren* unterschieden wird. Während im visuellen Speicher Informationen über die visuelle Erscheinung eines Reizes, wie z.B. Farbe, Form oder Struktur, gespeichert werden, dient das innere Skizzieren als Rehearsal für räumliche Informationen und ermöglicht das Aufrechterhalten der Informationen im visuellen Speicher (Rudkin, Pearson & Logie, 2007). Dazu werden dynamische Informationen wie die Bewegung zwischen den Stimuluspositionen wiederholt. Dieser aktive Prozess bedarf im Gegensatz zum passiven Speicher einer starken Aufmerksamkeitskontrolle (Logie, 2003). Der Prozess des artikulatorischen Rehearsals spielt ebenfalls eine wichtige Rolle für das Memorieren von Reizen im Visuospatialen Skizzenblock. Indem visuelle und räumliche Informationen in verbale Informationen umgewandelt werden, wie z.B. „blaues Quadrat links oben" (Wynn & Coolidge, 2010), können sie zusätzlich in der phonologischen Schleife gespeichert werden. Daher werden idealerweise nicht-verbalisierbare visuelle und räumliche Reize als Stimuli verwendet, um eine Kontamination der Resultate durch verbale Ersatzstrategien zu vermeiden. Alternativ kann auch über die artikulatorische Unterdrückung eine Verbalisierung des Materials verhindert werden.

2.1.3 Methodiken zur Überprüfung des Arbeitsgedächtnisses

Es existiert eine Reihe an Methoden für die Untersuchung von Arbeitsgedächtnisleistungen, die sich hinsichtlich der untersuchten Modalität (verbal / visuell-räumlich) und der Aufgabenstellung unterscheiden. Eine typische Methode ist die Delayed-Matching-to-Sample-Aufgabe, in der das einfache Aufrechterhalten von Informationen untersucht wird. Sie bietet vielfältige Variationen und kann so der jeweiligen Fragestellung angepasst werden. Eine weitere Methode, die nicht explizit für das Arbeitsgedächtnis entwickelt wurde, sondern für die Untersuchung der Verteilung kognitiver Ressourcen, ist das Dual-Task-Paradigma. Dieses Paradigma wird oft genutzt, um Aufschluss darüber zu erhalten welche Komponenten des Arbeitsgedächtnisses in andere Aufgaben, wie z.B. das in dieser Studie untersuchte Kategorienlernen, involviert sind. Beide Methodiken werden in der vorliegenden Studie verwendet und daher nun näher erläutert.

2.1.3.1 Delayed-Matching-to-Sample-Aufgaben

Delayed-Matching-to-Sample-Aufgaben werden oft verwendet, um Gedächtnisfunktionen zu überprüfen. Dazu wird zunächst ein meist komplexer visueller oder auditiver Reiz präsentiert, der memoriert werden muss. Nach einem Delay (auch Behaltens- oder Retentionsintervall) wird meist ein Teststimulus präsentiert, der danach beurteilt werden muss, ob er in dem zuvor zu memorierenden Reiz enthalten war oder nicht. Oftmals stehen zur Abfrage auch mehrere Reize gleichzeitig zur Auswahl und der anfangs präsentierte Reiz muss aus diesen wiedererkannt werden. Dieses Aufgabenparadigma ermöglicht eine Vielzahl an Variationen und kann so der jeweiligen Fragestellung der Untersuchung angepasst werden.

2.1.3.2 Dual-Task-Paradigma

Das Dual-Task-Paradigma bzw. Zweiaufgabenparadigma, wird häufig verwendet, um die Verteilung von Ressourcen zu überprüfen. Dazu werden die Probanden aufgefordert zwei Aufgaben gleichzeitig zu bearbeiten. Im Vergleich zu Bedingungen, in denen die Aufgaben einzelnen bearbeitet werden, findet hierbei zumeist eine Leistungsverschlechterung statt (Pashler, 1994). Für diese auftretenden Interferenzen gibt es zahlreiche Erklärungsansätze (für einen Überblick siehe Tombu & Jolicœur, 2003), wobei sich vor allem die Ressourcentheorie durchgesetzt hat. In der vorliegenden Studie ist die *multiple Ressourcentheorie* nach Navon und Gopher (1979) von Relevanz. Sie nehmen die Existenz von verschiedenen kognitiven Ressourcen an, sodass zwei zu bearbeitende Aufgaben in dem Maße miteinander interferieren, in dem sie die gleichen Ressourcen beanspruchen. Dies bedeutet auch, dass zwei Aufgaben, die keine gemeinsamen Ressourcen miteinander teilen, gleichzeitig bearbeitet werden können, ohne dass Interferenzen auftreten. (Navon und Gopher 1979, zitiert nach Tombu & Jolicœur, 2003) Als Evidenz für multiple Systeme gilt häufig die Dissoziation verschiedener Ressourcen in einem Dual-Task-Paradigma. Dabei ist in der vorliegenden Arbeit die einfache Dissoziation relevant. Diese tritt auf, wenn eine zusätzliche Aufgabe selektiv die Leistung in der Aufgabe A, nicht aber in der Aufgabe B beeinträchtigt. Ein solcher Befund wird häufig damit erklärt, dass die Zusatzaufgabe Ressourcen beansprucht, die zur Bearbeitung von Aufgabe A, nicht aber zur Bearbeitung von Aufgabe B benötigt werden.

2.2 Kategorienlernen

Das Kategorisieren beschreibt die Zuordnung von (neuen) Objekten zu Kategorien, in denen sich Objekte mit ähnlichen Merkmalen befinden. So wird z.B. ein unbekanntes Tier, das zwei Flügel, einen Schnabel, Federn, einen großen runden Kopf und nach vorn gerichtete Augen besitzt, stets in die Kategorie „Eule" eingeordnet werden. Um allerdings das perzeptuelle Erlernen von neuen Kategorien und die damit einhergehenden Prozesse untersuchen zu können, ist es notwendig der Person nicht nur unbekannte Objekte, sondern auch unbekannte Kategorien vorzulegen und ihr Verhalten im Verlauf des Lernprozesses zu beobachten (Ashby & Maddox, 2005). Hierfür werden der Person mehrere Objekte präsentiert, die jeweils einer von mindestens zwei verschiedenen Kategorien angehören. Die Aufgabe besteht grundsätzlich darin, die Objekte miteinander zu vergleichen und zu lernen, welche Objekte welcher Kategorie zuzuordnen sind. Dabei werden verschiedene Formen des perzeptuellen Lernens unterschieden, wobei folgend nur auf das regelbasierte und das Informations-Integrations-Kategorienlernen eingegangen wird (für einen Überblick siehe Ashby & Maddox, 2005).

2.2.1 Regelbasiertes Kategorienlernen

In Aufgaben, die regelbasiertes Kategorienlernen erfordern, können die Kategorien über explizite Regeln erlernt werden, die für gewöhnlich einfach zu verbalisieren sind. Häufig ist für die Zuordnung der Objekte (folgend Stimuli) nur eine Dimension relevant, z.B. „alle schwarzen Stimuli gehören zu Kategorie A und alle weißen Stimuli zu Kategorie B" (Shepard, Hovland & Jenkins, 1961). Allerdings stellt die Eindimensionalität keine Pflicht für regelbasiertes Lernen dar, denn auch aus mehreren Dimensionen kombinierte Regeln können sich einfach verbalisieren lassen (Ashby & Maddox, 2005), z.B. „alle schwarzen Dreiecke und alle weißen Quadrate gehören zu Kategorie A und alle weißen Dreiecke und alle schwarzen Quadrate zu Kategorie B" (Shepardet al., 1961). Als Voraussetzung für regelbasiertes Kategorienlernen wird somit die Möglichkeit der Verbalisierung der optimalen Zuordnungsregel betrachtet. Ashby und Maddox (2005) beschreiben drei Bedingungen, die dafür erfüllt sein müssen. Zunächst muss für jede Eigenschaft bzw. Dimension der Stimuli, die für die korrekte Zuordnung relevant ist, eine semantische Bezeichnung vorhanden sein. Dies wären bei den genannten Beispielen „Farbe" bzw. „Form". Des Weiteren muss es möglich sein, die Aufmerksamkeit auf jede dieser Eigenschaften selektiv richten zu können. Dies ist der Fall, wenn die Merkmale der Stimuli voneinander separierbar sind (Ashby & Maddox, 1994). Zuletzt muss die Regel, in der die Ausprägungen der Stimuli auf den relevanten Dimensionen kombiniert werden, selbst verbalisierbar sein. Dazu muss es möglich sein unabhängige Entscheidungen für die Ausprägungen auf den einzelnen Dimensionen treffen zu können, um daraufhin die separaten Entscheidungen mithilfe von logischen Konjunktionen, wie „und", „oder" und „nicht" zu einer Regel zu kombinieren. In dem oben genannten Beispiel für eine verknüpfte Regel wäre die Kombination aus den Einzelentscheidungen „Für die Kategorie A muss ein Stimulus weiß *und* ein Dreieck sein *oder* schwarz *und* ein Quadrat, sonst gehört er zu Kategorie B.". Sind diese drei Bedingungen erfüllt, lässt sich die Zuordnung zu den einzelnen Kategorien über eine explizite Regel ausdrücken, sodass regelbasiertes Kategorienlernen am ehesten zu einer perfekten Leistung führt (Minda & Miles, 2010).

2.2.2 Informations-Integrations-Kategorienlernen

Gegensätzlich zum regelbasierten Lernen sind Informations-Integrations-Aufgaben dadurch gekennzeichnet, dass sich die optimale Zuordnung nicht oder nur sehr schwer verbalisieren lässt. Diese Tatsache entsteht daraus, dass die Entscheidungen über die Ausprägungen auf den einzelnen Dimensionen nicht separierbar sind, sodass die Informationen aus den einzelnen relevanten Dimensionen integriert werden müssen, bevor eine Entscheidung über die Kategorienzugehörigkeit getroffen werden kann (Ashby & Maddox, 2005). Des Weiteren kann die optimale Entscheidungsgrenze, die die Kategorien voneinander trennt und aus der sich die Zuordnungsregel ergibt, bei Informations-Integrations-Aufgaben (auch bei regelbasierten Aufgaben) sowohl linear als auch nichtlinear sein (ein Beispiel für eine lineare Entscheidungsgrenze in regelbasierten und Informations-Integrations-Aufgaben befindet sich im Anhang A). Linear bedeutet in dem Zusammenhang, das die Unterscheidung zwischen den Kategorien am besten durch eine Grenze erfolgt, die einen linearen Anstieg besitzt, d.h. mathematisch durch eine lineare Funktion ($y = mx+n$) ausgedrückt werden kann. Die Theorie der Entscheidungsgrenzen (decision bound theory) nimmt an, dass Personen beim Erlernen der Kategorien den Wahrnehmungsraum der Stimuli (der Wahrnehmungsraum kann als Koordinatensystem betrachtet werden, das durch die Dimensionen der Stimuli aufgespannt wird) in Regionen aufteilen, denen Reaktionen zugeordnet werden (Maddox & Ashby, 1993). Fällt demnach ein präsentierter Stimulus z.B. in die Region A des multidimensionalen Raums, wird auf ihn mit der assoziierten Reaktion, in dem Fall die Zuordnung zu Kategorie A, geantwortet. Dabei wird aufgrund einer Studie von Ashby und Waldron (1999) vermutet, dass nicht die Entscheidungsgrenze, sondern die Regionen mit den assoziierten Reaktionen gelernt werden, sodass perzeptuelles Kategorienlernen im Fall einer Informations-Integrations-Aufgabe nicht parametrisch erfolgt. Diese Tatsache ist noch strittig, hat jedoch keinen Einfluss auf die Theorie der Entscheidungsgrenzen, da sie sowohl als parametrisch (Lernen der Entscheidungsgrenzen) als auch als nicht parametrisch (Lernen der Regionen assoziiert mit den Reaktionen) ausgelegt werden kann (Ashby & Maddox, 2005).

2.2.3 COVIS-Theorie

Im Laufe der Zeit wurden viele Theorien und Modelle entwickelt, um die kognitiven Prozesse während des perzeptuellen Kategorienlernens zu beschreiben. Eine von ihnen stellt die eben beschriebene Theorie der Entscheidungsgrenzen dar. In den letzten Jahren wurden vor allem Theorien postuliert, die von multiplen Kategorisierungssystemen ausgehen (u.a. Ashby, Alfonso-Reese, Turken & Waldron, 1998; Erickson & Kruschke, 1998; Nosofsky, Palmeri & McKinley, 1994). Während zwischen den meisten Theorien Einigkeit herrscht, dass eines der Systeme explizit und eines implizit ist, herrscht Uneinigkeit über die Beschaffenheit des impliziten Systems. Eine der verbreitetsten Theorien stellt das *Competition of Verbal and Implicit Systems* (COVIS) von Ashby et al. (1998) dar, das ebenfalls zwischen einem System für implizite und einem System für explizite Regeln differenziert und auf einer neuropsychologischen Basis beruht (für einen Überblick der neuronalen Strukturen siehe Ashby & Ell, 2001; Seger & Miller 2010). Wie der Name bereits vermuten lässt, wird eine Art Wettbewerb zwischen den beiden Systemen angenommen, wobei anfänglich stets das explizite System dominiert, da es vom Bewusstsein gesteuert wird. Im Laufe des Lernprozesses setzt sich allerdings das System durch, das den größten Lernerfolg verspricht.

Das explizite System, das dem Lernen von regelbasierten Kategorien dient, verwendet dem Bewusstsein zugängliche Hypothesen, die relativ einfach verbalisierbar sind. Es ist stark abhängig vom Arbeitsgedächtnis und der exekutiven Aufmerksamkeit. Das Arbeitsgedächtnis wird benötigt, um potentielle Regeln im Gedächtnis zu behalten, während sie auf ihr Zutreffen getestet werden. Dabei wird angenommen, dass eine Regel solange angewendet wird bis etwas (z.B. ein negatives Feedback) ihre Richtigkeit widerlegt. In diesem Fall werden laut COVIS zwei separate Prozesse aktiviert, die die Verwendung exekutiver Aufmerksamkeit erfordern. Zum Einen muss eine neue Regel gesucht und ausgewählt werden und zum Anderen muss die Aufmerksamkeit von der alten auf die neue Regel gelenkt werden. Dabei wird angenommen, dass die Auswahl der Regeln im Wesentlichen vom präfrontalen Cortex und dem anterioren Cingulum gesteuert wird, während der Aufmerksamkeitswechsel wiederum im Striatum (insbesondere dem Kopf des Nucleus caudatus) bestimmt wird (Ashby et al., 1998; Ashby & Maddox, 2005).

Das implizite System, das unter anderem dem Lernen von Informations-Integrations-Kategorien dient, stellt ein prozedural lernendes System dar, das dem Bewusstsein nicht zugänglich ist. Die Kategorien werden im Sinne der Theorie der Entscheidungsgrenzen (siehe weiter oben) erlernt, wonach Stimuli bestimmten Regionen innerhalb des Wahrnehmungsraums zugeordnet werden. Da diesem Lernen keine verbalen Regeln zugrunde gelegt werden können, nehmen Ashby et al. (1998) an, dass es stark von einem zeitnahen Feedback abhängig ist, um die geeignete Assoziation zwischen Stimulus und Reaktion zu stärken. Zwar existieren Studien, die diese Vermutung stützen (Ashby, Maddox & Bohil, 2002; Maddox, Ashby & Bohil, 2003), jedoch konnten Cincotta & Seger (2007) diese Abhängigkeit nicht replizieren. Als neuronales Korrelat zum impliziten System wird der Schwanz des Nucleus caudatus betrachtet, da er direkten Input aus den visuellen Arealen (ausgenommen V1) und dopaminergen Input aus der Substantia nigra erhält (Ashby et al., 1998, Ashby & Maddox, 2005).

2.2.4 Theorie des verbalen und nonverbalen Kategorienlernens

Minda und Miles (2010) postulieren ebenfalls eine Theorie multipler Kategorisierungs-systeme. Sie schlagen eine Differenzierung nach verbalen und nonverbalen Prozessen vor, wonach sich eines der Systeme stark auf verbale Fähigkeiten stützt und eines die nonverbalen Aspekte der Stimuli und der Kategorie nutzt. Beide werden als kognitive Systeme, bestehend aus einer

Sammlung kognitiver Prozesse, verstanden (Abb. 2). Mit ihrer Theorie nehmen sie erstmals ein Unterteilung des Arbeitsgedächtnisses in Bezug auf das Kategorienlernen vor, wie es bereits Maddox, Ashby, Ing und Pickering (2004) als möglich erachteten. Sie wiesen mit ihrer Aussage „A third, intriguing possibility is that working memory is involved in both rule-based and information integration category learning, but that verbal working memory mediates rule-based learning, whereas visuospatial working memory mediates information integration learning." (S. 590) auf einen neuen möglichen multiplen Systemansatz hin und schufen damit die Grundlage für Minda und Miles' Theorie.

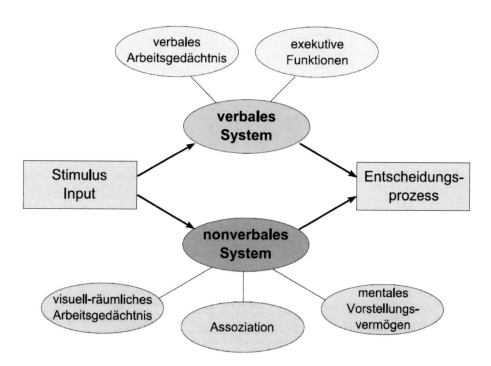

Abbildung 2.   schematische Darstellung der Theorie des verbalen und nonverbalen Kategorienlernens (nach Minda & Miles, 2010). Das verbale System ist auf das verbale Arbeitsgedächtnis und auf exekutive Funktionen angewiesen, während sich das nonverbale System auf das visuell-räumliche Arbeitsgedächtnis und auf die Assoziation stützt. Zusätzlich bildet das mentale Vorstellungsvermögen eine weitere Komponente des nonverbalen Systems.

Das verbale System nach Minda und Miles (2010) korrespondiert mit den meisten multiplen Systemtheorien und lernt Kategorien, indem es versucht eine geeignete Regel zu finden, die die Stimuli klassifizieren kann. Dafür bedient es sich zweier kognitiver Funktionen: dem verbalen Arbeitsgedächtnis und der Fähigkeit des Hypothesentestens. Das verbale Arbeitsgedächtnis, welches gleichzusetzen ist mit der phonologischen Schleife (siehe 2.1.1), wird benötigt, um die Regeln aktiv im Gedächtnis zu behalten, während sie auf ihre Richtigkeit geprüft werden. Dazu werden die Antworten und das entsprechende Feedback (das auch intern sein kann (Zeithamova & Maddox, 2009)) gespeichert. Die Fähigkeit des Hypothesentestens ist abhängig von exekutiven Funktionen, die die Aufmerksamkeit steuern und das Reagieren auf irrelevante Stimuluseigenschaften sowie auf verworfene Regeln inhibieren. Diese Aufgaben werden von der zentralen Exekutive des Arbeitsgedächtnisses (siehe 2.1), die ein Aufmerksamkeitssystem darstellt, übernommen. Zusätzlich ist sie in das Interpretieren des Feedbacks und in das Generieren neuer Regeln involviert. Da sowohl die phonologische Schleife als auch die zentrale Exekutive in ihrer Kapazität begrenzt sind, existiert ein Limit der Komplexität einer Regel, die gelernt werden kann. Eine „gute" Regel überschreitet daher nicht die Kapazität des Arbeitsgedächtnisses. Weiterhin sind „gute" Regeln dadurch gekennzeichnet, dass sie sich auf wahrnehmbare Stimuluseigenschaften beziehen und wenige Ausnahmen besitzen und zu guter Letzt funktionieren, d.h. eine zuverlässig gute Leistung versprechen (Minda & Miles, 2010).

Das nonverbale System ist zuständig für alle Kategorien, die sich nicht über Regeln erlernen lassen, somit auch für das Informations-Integrations-Kategorienlernen. Es stützt sich wie das verbale Systeme auf mehrere kognitive Prozesse und Funktionen. So stellt eine mögliche Komponente das assoziative Lernen zwischen Stimulus und Antwort dar, wie es bereits im impliziten System der COVIS-Theorie von Ashby et al. (1998) beschrieben wird. Da allerdings einige Studien (u.a. Cincotta & Seger, 2007) zeigen konnten, dass nonverbales Kategorienlernen auch ohne Feedback möglich ist, besteht Grund zu der Annahme, dass das nonverbale System nicht so stark von prozeduralen Lernmechanismen abhängig ist, wie es bisher vermutet wurde. Diese Annahme vertreten auch Minda und Miles (2010), die davon ausgehen, dass auch das visuell-räumliche Arbeitsgedächtnis (siehe 2.1.2) beim Erlernen nonverbaler Kategorien eine Rolle spielt. Sie postulieren, dass es beim Vergleich der Stimuli mit der mentalen Repräsentation der Kategorien involviert ist. Als letzte kognitive Funktion, die dem nonverbalen System dient, wird das mentale Vorstellungsvermögen angenommen. Allerdings treffen Minda und Miles (2010) keine genaueren Aussagen darüber, in welcher Form es in den Lernprozess eingebunden ist.

Ähnlich der COVIS-Theorie nehmen Minda und Miles (2010) an, dass beide Systeme im Wettbewerb zueinander stehen und das verbale System einen anfänglichen Vorteil besitzt. Da das verbale und nonverbale System parallel arbeiten, resultiert, dass bei Blockierung oder Ausfall eines der Systeme die Kategorisierung über das jeweils andere verläuft. Weiterhin gehen sie davon aus, dass die Aufmerksamkeitsausrichtung von beiden Systemen geteilt werden kann. Die Aufmerksamkeit wird demnach von beiden Systemen auf diejenigen Stimuluseigenschaften gerichtet, die für das Bilden der expliziten oder impliziten Zuordnungsregel notwendig sind (Harris & Minda, 2006).

Im Ganzen betrachtet, ähnelt die von Minda und Miles (2010) postulierte Theorie sehr der COVIS-Theorie von Ashby et al. (1998). Die Trennung der Systeme erfolgt nach ihnen jedoch in verbal und nonverbal, wobei das verbale System mit dem expliziten System von Ashby und seinen Kollegen übereinstimmt. In Bezug auf das nonverbale System bringen sie zwei wichtige Unterschiede an. Zum Einen nehmen sie an, dass ein feedbackbasiertes Lernen nicht zwingend notwendig ist. Daraus schließen sie, dass die von Ashby et al. (1998) postulierte Assoziation nicht die einzige Möglichkeit ist die Stimuluszuordnung zu Kategorien zu erlernen, wenn dies nicht anhand einer verbalisierbaren Regel möglich ist. Zum Anderen gehen sie darauf aufbauend davon aus, dass das visuell-räumliche Arbeitsgedächtnis einen Anteil am Erlernen dieser Zuordnung besitzt.

2.3 Hypothesenbildung

Ausgehend von den eben genannten Annahmen von Minda und Miles (2010), liegt das Ziel der vorliegenden Arbeit darin, diese Thesen zu überprüfen. Sie selbst führten zwar bereits eine Studie durch, die ihre doppelte Dissoziation stützen sollte, jedoch verwendeten sie dazu das binäre Stimulusmaterial von Shepard et al. (1961), das sich insgesamt nur aus acht verschiedenen Stimuli zusammensetzt. Aufgrund dessen besteht Grund zu der Annahme, das die Zuordnung eventuell nicht erlernt, sondern die einzelnen Stimuli memoriert wurden, sodass die gewonnen Ergebnisse nicht mehr zurückzuführen wären auf Prozesse, die in das Erlernen von perzeptuellen Kategorien involviert sind. Zudem verwendeten sie feedbackbasiertes Lernen, sodass keine Aussagen darüber getroffen werden können, ob das visuell-räumliche Arbeitsgedächtnis tatsächlich in das Erlernen nonverbaler Zuordnungen eingebunden ist. Daher soll in der vorliegenden Studie eine erneute Überprüfung der Theorie erfolgen. Im Speziellen soll untersucht werden, ob die linear separierbaren Kategorien einer Informations-Integrations-Aufgabe über das visuell-räumliche Arbeitsgedächtnis erlernt werden. Um den Alter-

nativerklärungen, wie sie sich in Minda und Miles' Studie (2010) finden lassen, entgegenzu-
wirken, wird ein Stimulusmaterial verwendet, dass entlang einer kontinuierlichen Dimension
generiert wurde und ein Experimentalaufbau genutzt, der observationales Lernen von den
Probanden verlangt.

Ausgehend vom theoretischen Hintergrund ist während des Kategorienlernens, gemäß des
Dual-Task-Paradigmas, eine simultane Zusatzaufgabe zur Auslastung des Arbeitsgedächtnisses notwendig, um zu überprüfen, ob dieses in den Lernprozess involviert ist. Weiterhin
muss die Auslastung sowohl verbal als auch visuell-räumlich erfolgen, um bestätigen zu
können, das lediglich das visuell-räumliche Arbeitsgedächtnis, nicht aber das verbale Arbeitsgedächtnis in das Bilden der Kategorien in der Informations-Integrations-Aufgabe eingebunden ist. Daraus abgeleitet wird in der vorliegenden Arbeit eine einfache Dissoziation ange-
strebt. Diese liegt vor, wenn die visuell-räumliche nicht aber die verbale Zusatzaufgabe die
Lernleistung in der Informations-Integrations-Kategorienaufgabe beeinträchtigt. In dem Fall
würden die visuell-räumliche Zusatzaufgabe und das Kategorienlernen auf dieselben Ressourcen zurückgreifen und eine Bestätigung liefern, dass das visuell-räumliche Arbeitsgedächtnis
in den Lernprozess involviert ist. Die Beeinträchtigung wird aufgrund der begrenzten Speicherkapazität des Visuospatialen Skizzenblocks angenommen, wodurch das Behalten visuell-
räumlicher Stimuli signifikant durch zusätzlich zu erinnernde visuell-räumliche Stimuli
behindert wird (Hole, 1996). Ferner soll überprüft werden, ob das Erlernen der Informations-
Integrations-Kategorien gänzlich unabhängig vom verbalen Arbeitsgedächtnis ist. Dazu wird
eine Kontrollbedingung eingeführt, in der zwar eine Zweitaufgabe bearbeitet werden muss,
diese jedoch so geartet ist, dass sie mit dem Kategorienlernen nicht interferiert. Gemäß der
Annahme, dass das verbale System keinen Einfluss auf das Lernen von Informations-
Integrations-Kategorien besitzt, sollten die Leistungen in der Kontrollbedingung und in der
Bedingung, in der eine verbale Zusatzaufgabe bearbeitet werden muss, ähnlich ausfallen.
Gleichzeitig sollte, gemäß der bereits weiter oben getroffenen Annahme, in der Bedingung, in
der simultan eine visuell-räumliche Aufgabe bearbeitet werden muss, eine wesentlich
schlechtere Leistung hervorgebracht werden als in der Kontrollbedingung. Zu guter Letzt
wird von einem Feedback abgesehen, um zu verhindern, dass die Zuordnung über assoziatives
Lernen erfolgt.

Die Studie besteht zusammengefasst aus drei Bedingungen (folgend phonologische, visuospatiale und Kontrollbedingung genannt), die sich nur in der zu bearbeitenden Zusatzaufgabe unterscheiden. In jeder Bedingung muss die Zuordnung zu linear separierbaren Informations-Integrations-Kategorien über die Observation von Beispielstimuli erlernt werden.

Hypothesen

In der Haupthypothese der vorliegenden Arbeit, wird davon ausgegangen, dass die Auslastung des visuell-räumlichen Arbeitsgedächtnisses zu signifikant schlechteren Leistungen im Kategorienlernen führt als die Auslastung des verbalen Arbeitsgedächtnisses. Zusätzlich werden zwei weitere Annahmen getätigt. Die Leistung während der verbalen Auslastung unterscheidet sich nicht signifikant von der Leistung in der Kontrollbedingung ohne simultane Auslastung und im Gegensatz dazu unterscheidet sich die Leistung während der visuell-räumlichen Auslastung signifikant von der Leistung in der Kontrollbedingung.

3   Materialien und Methode

3.1   Aufgabe

In jedem Durchgang bearbeitete die Versuchsperson neben der Observation der Beispielstimuli für die Kategorien eine Zweitaufgabe, die ihr Arbeitsgedächtnis, je nach Bedingung, verbal, nonverbal oder gar nicht auslastete. In der phonologischen Bedingung, die das Arbeitsgedächtnis verbal auslastete, wurde dem Probanden eine fünfstellige Zahlenreihe vorgesprochen. Diese musste er sich merken und anschließend entscheiden, ob eine Testzahl in der zuvor präsentierten Zahlenreihe an dieser Position vorhanden war. In der visuospatialen Bedingung, die das Arbeitsgedächtnis nonverbal auslastete, musste sich die Versuchsperson ein Display mit vier farbigen Quadraten merken und anschließend entscheiden, ob ein Testquadrat in dem zuvor präsentierten Display in dieser Farbe *und* an dieser Position vorhanden war. Beide Informationen mussten memoriert werden, um eine vollständige Auslastung des Visuospatialen Skizzenblocks, der sich in eine visuelle und in eine räumliche Komponente differenzieren lässt (siehe 2.1.2), zu erreichen. In der Kontrollbedingung wurde dem Probanden ein Kreuz präsentiert, das keine Relevanz für ihn besaß. Am Ende des Durchgangs musste er einen Buchstaben auf seine Groß- und Kleinschreibung hin beurteilen. Während der Merkspanne bzw. nach der Präsentation des Kreuzes wurde dem Probanden ein Beispielstimulus für die Kategorie A oder B präsentiert, den er sich ansehen und darüber die Zugehörigkeit zu den Kategorien lernen sollte. Am Ende jedes Blocks, d.h. getrennt von den eben beschriebenen Durchgängen, musste die Versuchsperson nacheinander präsentierte Stimuli selbstständig den Kategorien zuordnen. In dieser Studie bearbeitete jeder Proband an verschiedenen Tagen die Kontrollbedingung und eine der beiden Experimentalbedingungen (phonologische bzw. visuospatiale Bedingung). Das genaue Design der Studie und die Prozedur der einzelnen Bedingungen wird in den Abschnitten 3.5 und 3.6 beschrieben.

3.2   Probandenkollektiv

Es nahmen 34 Studenten der Otto-von-Guericke-Universität Magdeburg, darunter 18 weibliche und 16 männliche Probanden, mit einem Durchschnittsalter ± SD von 21,7 ± 2,3 Jahren (Range 19 - 28 Jahre) am Experiment teil. Zwei weibliche Versuchspersonen wurden aus der Analyse ausgeschlossen, da sie in der Zweitaufgabe, die das Arbeitsgedächtnis auslastet, eine höhere Fehlerrate als 25% aufwiesen. An einer dem Experiment vorangestellten Pilotstudie nahmen 14 Studenten der Otto-von-Guericke-Universität Magdeburg teil, von denen 7 Probanden weiblich und 7 männlich waren. Ihr Durchschnittsalter betrug 23,2 Jahre mit einer Standardabweichung von ± 2,6 Jahren (Range 20 - 28 Jahre). Alle Probanden gaben Deutsch als ihre Muttersprache sowie ein normales Hör- und ein normales oder korrigiertes Sehvermögen an. Weiterhin berichtete keiner der Probanden an einer Rot-Grün-Schwäche zu leiden. Jede Versuchsperson füllte vor Beginn der Testung die schriftliche Einwilligungs-erklärung der Universität aus. Die Probanden, die am Experiment teilnahmen, erhielten 2,5 Versuchspersonenstunden und basierend auf ihrer Leistung in der Zweitaufgabe, eine Ent-lohnung von 5 €. Die Versuchspersonen der Pilotstudie hingegen erhielten eine Versuchsper-sonenstunde und keine monetäre Entlohnung für ihre Teilnahme.

3.3 Materialien

Das Stimulusmaterial der Kategorisierungsaufgabe entstammt der Studie von Daniel und Pollmann (2010) und wurde mithilfe der von Ashby und Gott (1988) entwickelten Rando-misierungstechnik erstellt. Es wurden zwei Stimulus Sets generiert, wobei eines aus weißen Ringen mit einer 30° großen Öffnung und eines aus zwei weißen parallelen Linien bestand. Die Stimuli wurden mit einem Sehwinkel von 12° auf einem schwarzen Hintergrund präsen-tiert. Die einzelnen Simuli variierten in ihrer Ausrichtung und Liniendicke und wurden konti-nuierlich entlang dieser Dimensionen anhand einer Normalverteilung erstellt. Für die korrekte Zuordnung mussten demnach beide Eigenschaften berücksichtigt werden. Die Stimuluszuge-hörigkeit zu den Kategorien ergab sich durch ihre Position im Koordinatensystem, das durch die eben genannten Dimensionen aufgespannt wurde. Für jedes Set wurden zwei entgegen-gesetzte Kategorienstrukturen erstellt (positiv und negativ), die durch die 90° Rotation der linearen Entscheidungsgrenze entstanden. Die genauen Werte der vier resultierenden Katego-rien pro Set sind in Tabelle 1 zusammengefasst. Abbildung 3 stellt beide Kategorienstrukturen mit der jeweiligen optimalen Entscheidungsgrenze sowie Beispielstimuli aus beiden Sets dar (für weitere Informationen siehe Daniel & Pollmann, 2010). Nach der Generierung des Mate-rials wurden für jeden Probanden für zwei der vier Kombinationen [2 (Stimuli) x 2 (Kate-gorienstrukturen)] pro Block zufällig zehn Stimuli der Kategorie A und zehn der Kategorie B zusammengefasst und linear transformiert, sodass die Parameter des einzelnen Blocks denen des gesamten Stimulusmaterials entsprachen. Zusätzlich wurde darauf geachtet, dass jede Ver-suchsperson beide Stimulus Sets und beide Kategorienstrukturen erhielt.
Bereits die Pilotstudie von Daniel und Pollmann (2010) mit 17 Probanden konnte zeigen, dass sich die vier resultierenden Kombinationen nicht signifikant bezüglich der Lern-geschwindigkeit und Fehlerrate voneinander unterscheiden.

Tabelle 1

Parameter der Kategorienstrukturen (nach Daniel & Pollmann, 2010)

Anstieg	Kategorie A					Kategorie B				
	μ_x	μ_y	σ_x	σ_y	cov_{xy}	μ_x	μ_y	σ_x	σ_y	cov_{xy}
positiv	500	700	44,100	44,100	43,500	700	500	44,100	44,100	43,500
negativ	500	500	44,100	44,100	-43,500	700	700	44,100	44,100	-43,500

μ = Mittelwert der Dimensionen; σ = Streuung der Dimensionen; cov = Kovarianz zwischen den Dimensionen

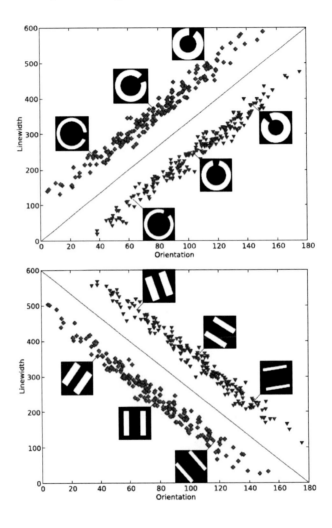

Abbildung 3.   Kategorienstrukturen der Stimulus Sets mit Beispielstimuli und ihrer optimalen Entscheidungsgrenze (aus Daniel & Pollmann, 2010). Die roten Quadrate kennzeichnen die Positionen für Stimuli der Kategorie A im Koordinatensystem, das durch die Dimensionen Liniendicke und Ausrichtung aufgespannt wird. Die blauen Dreiecke kennzeichnen dasselbige für Stimuli der Kategorie B. Die Linien repräsentieren die optimale Entscheidungsgrenze, wobei jedes Stimulus Set, sowohl eine Kategorienstruktur mit positivem als auch eine mit negativem Anstieg der Entscheidungsgrenze besaß.

Für die verbale und visuell-räumliche Auslastung wurde ein Stimulusmaterial ähnlich dem Stimulus Set 1 aus der Studie von Cowan und Morey (2007) genutzt. Für die auditiv verbalen Stimuli wurden die Zahlen 1-9 verwendet (vgl. auch Dittrich, 2009, Experiment 2), die von einer weiblichen Sprecherin eingesprochen wurden. Im Anschluss wurden die Zahlen mit dem Programm *Audacity 1.3* von Störgeräuschen bereinigt und auf eine Länge von 600ms gebracht, indem nach der gesprochenen Zahl eine dementsprechend lange Pause eingefügt wurde. Die Zahl sieben, als einzige zweisilbige Ziffer, wurde aufgrund ihrer Länge entfernt. Zum Schluss wurden zufällig 5 der Ziffern zu einer Zahlenreihe zusammengefasst. Dabei durften keine Ziffern doppelt vorkommen und pro Sequenz maximal zwei hintereinander folgende Zahlen auftreten, wie zum Beispiel 2 – 3, nicht aber 2 – 3 – 4 (Dittrich, 2009). Für das visuell-räumliche Stimulusmaterial wurden mithilfe von *Presentation 10.14* (Neurobehavioral Systems, Albany, CA) schwarze Displays mit vier farbigen Quadraten generiert, die einen Sehwinkel von 12° besaßen. Dazu wurden zufällig vier der sechs Farben Cyan, Blau, Grün, Magenta, Rot oder Gelb ausgewählt und vier der sechs Positionen, die sich bei der Kombination der Parameter $x = \pm 200 / \pm 100$ und $y = 0 / \pm 170$ ergeben (Tab. 2).

Tabelle 2

Die Koordinaten der Parameter x und y, die die Positionen der Quadrate bestimmen

	Koordinaten[a]					
x	200	-200	100	-100	100	-100
y	0	0	170	170	-170	-170

[a] Das Zentrum des Bildschirms hat die Koordinaten Z = (0;0).

In der Kontrollbedingung dienten die Groß- und Kleinbuchstaben des lateinischen Alphabets als Stimuli, die in weiß mit einem Sehwinkel von 2,5° auf einem schwarzen Hintergrund präsentiert wurden. Die Buchstaben C-c; K-k,O-o, P-p, S-s, U-u, V-v, W-w, X-x, Z-z wurden aufgrund der Ähnlichkeit der Groß- und Kleinbuchstaben zueinander entfernt.

3.4   Pilotstudie

In einer dem Experiment vorausgehenden Pilotstudie mit 14 Probanden wurden die Arbeitsgedächtnisaufgaben zur verbalen und visuell-räumlichen Auslastung hinsichtlich ihrer Schwierigkeit verglichen. Die Aufgaben dienen im Experiment als Zweitaufgabe und basieren auf dem unter Abschnitt 3.3 beschrieben Stimulusmaterial. Als abhängige Variable wird die Anzahl korrekt gegebener Antworten erhoben. Das Setting der Testung entsprach dem des Experiments (siehe 3.6), wobei auch zwei Versuchspersonen gleichzeitig getestet wurden. Die Probanden wurden gebeten nacheinander sowohl die verbale als auch die visuell-räumliche Aufgabe zu bearbeiten. Die Reihenfolge der Aufgaben wurde den Probanden dabei per Zufall zugewiesen. Die Versuchspersonen mussten pro Bedingung zwei Blöcke mit 30 und einen Block mit 40 Durchgängen absolvieren. Zwischen den Blöcken war es ihnen möglich eine Pause zu machen, indem sie das Experiment nach Belieben mit der Leertaste fortsetzten.

Die verbale Aufgabe bestand darin sich eine vorgesprochene fünfstellige Zahlenreihe (5x600ms) zu merken und nach einem 3500ms langen Delay (Fixationskreuz) zu entscheiden, ob die Zahl X in der zu memorierenden Zahlenreihe an der Stelle Y vorhanden war. Wenn ja, mussten die Probanden die linke Pfeiltaste der Tastatur betätigen und wenn nicht, die rechte Pfeiltaste. Das Testdisplay verschwand nach der Reaktion des Probanden oder nach 5000ms, wobei die Antwort auch noch bis zu 500ms nach Ausblenden der Frage aufgezeichnet wurde. Daraufhin erhielten die Versuchspersonen ein 250ms langes auditives Feedback, das eine Frequenz von 900Hz für eine richtige und eine Frequenz von 350Hz für eine falsche oder fehlende Antwort besaß. Nach einem Fixationskreuz von 1000ms begann der nächste Trial.

Die visuell-räumliche Aufgabe bestand darin sich ein Display mit vier farbigen Quadraten und deren Position zu merken, dass für 1000ms eingeblendet wurde. Nach einem Delay von 3500ms mussten die Probanden entscheiden, ob ein präsentiertes Quadrat in der Farbe und an der Position auch in dem zu memorierenden Display vorhanden war. Wenn ja, mussten die Probanden die linke Pfeiltaste der Tastatur betätigen und wenn nicht, die rechte Pfeiltaste. Das Testdisplay verschwand, wie in der phonologischen Bedingung, nach der Reaktion des Probanden oder nach 5000ms, wobei die Antwort auch noch bis zu 500ms nach der Präsentation des Testdisplays aufgezeichnet wurde. Darauf wurde ebenfalls ein 250ms langes auditives Feedback erteilt und der nächste Trial begann nach einem 3000ms langen Fixationskreuz.

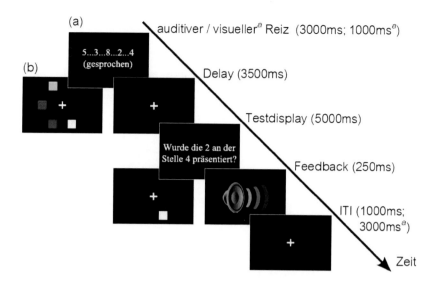

Abbildung 4. Experimentalverlauf der Pilotstudie. Die obere Ebene (a) entspricht der verbalen Arbeitsgedächtnisaufgabe und die untere Ebene (b) der visuell-räumlichen Aufgabe.

[a] Diese Werte und Angaben gelten für die visuospatiale Bedingung.

Generell entsprach der jeweilige Aufbau der Bedingungen in der Pilotstudie (Abb. 4), dem im
ersten Teil des nachfolgenden Experiments (Abb. 5) mit der Ausnahme, dass anstatt eines
3500ms langen Delays die Kategorien und ihre dazugehörigen Beispielstimuli präsentiert
wurden.

3.5   Design

Es wurde im Crossed-Design ein vierfaktorieller Untersuchungsplan [2 (Stimulus) x 2
(Kategorienstruktur) x 2 (Experimentalbedingung) x 2 (Reihenfolge)] genutzt. Das Stimulusmaterial bestand aus Ringen oder Linien, die jeweils eine positive oder negative Kategorienstruktur hatten. Die Kategorienstruktur war dabei definiert durch den Anstieg der optimalen
Entscheidungsgrenze im Koordinatensystem, welches durch die Dimensionen Liniendicke
und Ausrichtung aufgespannt wurde. Die *Experimentalbedingung* gliederte sich in die phonologische und visuospatiale Bedingung. Weiterhin wurde jeder Proband in einer Kontrollbedingung getestet, sodass die *Reihenfolge* festlegte, ob der Versuchsperson zuerst die Experi-
mental- und folgend die Kontrollbedingung präsentiert wurde oder umgekehrt. Durch das verwendete Design wurde dem Probanden also an einem Tag für die Aufgabe des Kategorienlernens eine der beiden Stimuli (Ringe oder Linien) kombiniert mit einer der beiden Kategorienstrukturen (positiv oder negativ) präsentiert und er erhielt für die Arbeitsgedächtnis-

aufgabe eine der beiden Experimentalbedingungen (phonologisch oder visuospatial). Am anderen Tag erhielt der Proband die komplementäre Kombination aus Stimulus und Kategorienstruktur für die Zuordnung zu den Kategorien und die Kontrollbedingung. Insgesamt ergaben sich dadurch 16 mögliche Kombinationen für das Experiment (siehe Anhang B), wobei jede Kombination von zwei der 32 Versuchspersonen bearbeitet wurde. Weiterhin bestand der Experimentalaufbau aus einer Kombination aus Delayed-Matching-to-Sample-Aufgabe und abgewandelter Doppelaufgabe (Dual Task). Die Kombination ergab sich dadurch, dass während des Behaltensintervalls der Delayed-Matching-to-Sample-Aufgabe anstatt des typischen Delays die Kategorie und der Beispielstimulus für die zweite zu bearbeitende Aufgabe präsentiert wurden. Die Dual-Task wurde dahingehend abgewandelt, dass die Blöcke des Experiments zweigeteilt waren. Dadurch wurde in den Durchgängen des ersten Teils die Delayed-Matching-to-Sample-Aufgabe (zur Auslastung des Arbeitsgedächtnisses) bearbeitet und der Input für die Kategorisierungsaufgabe gegeben, die Reaktion auf die Kategorisierungaufgabe erfolgte jedoch erst in den Durchgängen des zweiten Teils des jeweiligen Blocks. Als abhängige Variable wurde die Korrektheit der Antworten in jedem Block in der Aufgabe des Arbeitsgedächtnisses und auch in der Aufgabe des Kategorienlernens erhoben. Zusätzlich wurde das Alter und das Geschlecht der Probanden erfasst.

3.6   Prozedur

Die Probanden wurden an zwei verschiedenen Tagen, zwischen denen maximal drei Tage lagen, getestet. Das Experiment verlief als Einzeltestung in einem ruhigen, abgedunkelten Raum und wurde an einem 22"-Monitor mithilfe des Programms *Presentation 10.14* (Neurobehavioral Systems, Albany, CA) durchgeführt. Die Probanden füllten die schriftliche Einwilligungserklärung aus und wurden instruiert die Zuordnung der Stimuli zu den Kategorien basierend auf den ihnen präsentierten Beispielen und anhand beider Dimensionen zu lernen und keine der beiden Aufgaben zu vernachlässigen. Sie erhielten zusätzlich 5 €, wenn an beiden Tagen mindestens 90% ihrer Antworten in der Arbeitsgedächtnisaufgabe richtig waren. Die Regelung wurde getroffen, um zu verhindern, dass diese Aufgabe zugunsten des Kategorienlernens benachteiligt wird. Weiterhin wurde für die Arbeitsgedächtnisaufgabe ein Cut-Off-Wert von 75% festgelegt, obwohl ähnliche Studien (z.B. Waldron & Ashby, 2001; Zeithamova & Maddox, 2006) einen Wert von 80% vorschlagen. Diese Anpassung wurde vorgenommen, damit die Anzahl der Probanden in den Experimentalbedingungen ausbalanciert blieb, da in der visuospatialen Bedingung starke Interferenzen auftraten.

Die Probanden erhielten an beiden Tagen vor dem eigentlichen Experiment jeweils ein kurzes Training, um sich mit dem Ablauf des Experiments vertraut zu machen. Dafür wurden ihnen sechs Durchgänge ihrer zu bearbeitenden Bedingung präsentiert, wobei das Stimulusmaterial für die Kategorisierung jedoch aus den Großbuchstaben „I" und „O" bestand. Die Stimuli waren vom Experiment abweichend, um die Ausgangssituation für jede Versuchsperson gleich zu halten, da theoretisch das Training beliebig oft wiederholt werden durfte. Nach dem Training bearbeiteten die Probanden an jedem der beiden Tage 10 Blöcke à 20 Durchgänge, wobei es je Block 20 Trials für die Arbeitsgedächtnisaufgabe und 20 Trials für die Zuordnung zu den Kategorien gab, die getrennt voneinander, d.h. nicht alternierend präsentiert wurden. Demnach bestanden die Blöcke in jeder Bedingung, wie bereits erwähnt, aus zwei Teilen. Im ersten Teil wurden den Versuchspersonen die Kategorien und die dazugehörigen Beispielstimuli präsentiert, während sie gleichzeitig die Arbeitsgedächtnisaufgabe bearbeiten mussten. Der zweite Teil bestand darin, dass die Probanden die Stimuli zu den Kategorien A oder B zuordnen mussten. Beide Teile wurden jeweils mit einem entsprechenden Display eingeleitet, auf dem entweder „Es folgt nun die Arbeitsgedächtnisaufgabe" oder „Es folgt nun die Zuordnungsaufgabe" stand. Zwischen den Blöcken erfolgten Pausen, die der Proband bei Bedarf in Anspruch nehmen konnte, indem er nach Belieben das Experiment mit der Leertaste fortsetzte. Folgend wird für die Bedingungen einzeln der Verlauf dargestellt.

(a) Im ersten Teil der phonologischen Bedingung wurden den Probanden fünf Ziffern (vgl. Cowan und Morey, 2007) mit einer jeweiligen Tonlänge von 600ms über Kopfhörer vorgesprochen, die sie sich über Rehearsal merken sollten. Darauf folgte ein Fixations-kreuz, dass für 700ms in der Mitte des Bildschirms präsentiert wurde. Während der Merk-spanne war für 800ms die Kategorie „A" oder „B" und nach einem Delay von 200ms der dazugehörige Beispielstimulus (1500ms) ebenfalls im Zentrum des Bildschirms zu sehen. Nach der Observation der Kategorienzugehörigkeit wurde für 1000ms ein Fixationskreuz eingeblendet. Anschließend mussten die Probanden entscheiden, ob sich in der zu memo-rierenden Zahlenreihe die Ziffer X an der Stelle Y befand. Wenn sich die Ziffer X an der Stelle Y befand, mussten sie die linke Pfeiltaste der Tastatur betätigen und wenn nicht, die rechte Pfeiltaste. Das Testdisplay verschwand entweder nach der Reaktion des Probanden oder nach 5000ms, wobei die Antwort auch noch bis zu 500ms nach Ausblenden der Frage aufgezeichnet wurde. Auf diese Reaktion erhielten die Versuchspersonen ein 250ms langes auditives Feedback, welches bereits in der Pilotstudie verwendet wurde und demnach für eine richtige Antwort eine Frequenz von 900Hz und für eine falsche oder fehlende Antwort eine Frequenz von 350Hz besaß. Nach einem Fixationskreuz, das 1000ms andauerte, begann der nächste Trial. Im zweiten Teil des Blocks wurde den Probanden für 3000ms ein Stimulus präsentiert, den sie bis maximal 500ms nach der Präsentationsdauer der Kategorie A (linke Strg-Taste) oder Kategorie B (Alt-Taste) zuordnen mussten. Dabei verschwand das Display mit dem Stimulus erst nach Ablauf der 3000ms und nicht auf Tastendruck des Probanden. Da es sich um observationales Kategorienlernen handelte, erhielten die Probanden auf ihre Antwort kein Feedback. Bevor der nächste Trial begann, wurde für 1000ms ein Fixationskreuz präsentiert. Abbildung 5A und B geben einen Überblick des experimentellen Verlaufs.

(b) In der visuospatialen Bedingung erhielten die Versuchspersonen für 1000ms ein Display mit vier farbigen Quadraten, die sie sich zusammen mit der Position der einzelnen Quadrate über den visuellen Eindruck merken sollten. Die kurze Dauer des nachfolgenden Fixationskreuzes von 700ms sorgte zusätzlich dafür, dass ein verbales Einprägen möglichst unterbunden wurde. Daraufhin folgte, wie in der phonologischen Bedingung, die Präsentation der Kategorie (800ms) und des Beispielstimulus (1500ms) mit einem zwischengeschalteten Delay von 200ms. Nach einem Fixationskreuz (1000ms) wurde für maximal 5000ms ein Display mit einem einzelnen farbigen Quadrat präsentiert und die Aufgabe der Probanden war es zu entscheiden, ob dieses Quadrat in dem zu memorierenden Display an dieser Stelle und in dieser Färbung vorhanden war. Stimmte sowohl die Farbe als auch die Postion des Quadrats, mussten die Versuchspersonen die linke Pfeiltaste drücken, stimmte entweder die Farbe oder die Position oder beides nicht mit dem zuvor präsentierten Display überein, mussten die Probanden die rechte Pfeiltaste drücken. Auch in dieser Bedingung verschwand das Testdisplay nach der Reaktion des Probanden oder nach Ablauf der 5000ms, wobei die Antwort noch bis 500ms nach der Präsentation des Displays aufgezeichnet wurde. Die Versuchspersonen erhielten ebenfalls ein 250ms langes auditives Feedback auf ihre Reaktion. Nach einem Fixationskreuz von 3000ms begann der nächste Trial. Die Dauer wurde gewählt, um die Länge der Präsentation der Ziffern in der phonologischen Bedingung auszugleichen. Der zweite Teil des Blocks entsprach der vorherigen Bedingung. Abbildung 5A und B geben den experimentellen Verlauf wieder.

(c) Um in der Kontrollbedingung keine zusätzliche Auslastung zu bewirken, jedoch den Ablauf möglichst ähnlich zu den Experimentalbedingungen zu halten, wurde den Probanden für 1000ms ein „X" präsentiert, das keine Bewandtnis für die Versuchspersonen hatte. Gleich den anderen Bedingungen wurde nach einem Fixationkreuz (700ms) die Kategorie „A" oder „B" (800ms) sowie nach einem 200ms Delay der dazugehörige Beispielstimulus (1500ms) präsentiert. Nach einem weiteren Fixationskreuz (1000ms) wurde den Probanden für maximal 5000ms ein Buchstabe präsentiert, den sie nach Groß- und Kleinschreibung beurteilen sollten. Handelte es sich um einen Großbuchstaben, mussten die Versuchspersonen die linke Pfeiltaste betätigen, andernfalls die rechte Pfeiltaste. Wie in den anderen Bedingungen verschwand das Testdisplay nach der Reaktion des Probanden oder nach den 5000ms, wobei auch hier die Antwort noch bis zu 500ms nach Präsentation des Buchstaben aufgezeichnet wurde. Die Probanden erhielten, wie in den anderen Bedingungen, ein auditives Feedback (250ms) auf ihre Reaktion. Nach einem Fixationskreuz von 3000ms begann der nächste Trial. Der zweite Teil des Blocks entsprach den vorherigen Bedingungen. Abbildung 5A und B stellen den Verlauf des Experiments dar.

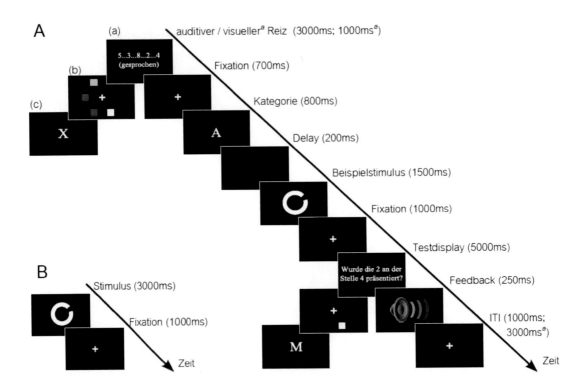

Abbildung 5.   Experimentalverlauf. A, beispielhafter Ablauf eines Versuchsdurchgangs im ersten Teil jeden Blocks für alle drei Bedingungen. Die oberste Ebene (a) stellt die phonologische Bedingung dar, die Ebene darunter (b) die visuospatiale Bedingung und die unterste Ebene (c) die Kontrollbedingung. B, Verlauf eines Durchgangs im zweiten Teil jeden Blocks, welcher für alle Bedingungen identisch war. Der Experimentalverlauf für das zweite Stimulus Set war identisch mit dem dargestellten Stimulus Set.

[a] Diese Werte und Angaben gelten für die visuospatiale und die Kontrollbedingung.

3.7 Statistische Analyse

Pilotstudie

Anfänglich wird überprüft, ob sich die verbale und visuell-räumliche Arbeitsgedächtnisaufgabe aus der Pilotstudie nicht signifikant voneinander in ihrer Schwierigkeit unterscheiden. Diese Analyse wird anhand eines t-Tests für gepaarte Stichproben durchgeführt, wobei die Gesamtanzahl der richtigen Antworten, die in den jeweiligen Bedingungen über alle Blöcke hinweg gegeben wurden, verglichen wird.

Arbeitsgedächtnisaufgabe

Mithilfe einer gemischten 2x2 ANOVA mit dem Zwischensubjektfaktor *Experimentalbedingung* (phonologische und visuospatiale Bedingung) und dem Innersubjektfaktor *Auslastung vs. nicht Auslastung* (Experimentalbedingung und Kontrollbedingung), wird überprüft, inwiefern sich die Schwierigkeit der Zweitaufgabe im Experiment unterscheidet. Auch hierzu wird die Gesamtanzahl der richtigen Antworten, die in den jeweiligen Bedingungen über alle Blöcke hinweg gegeben wurden, zur Analyse genutzt.

Kategorisierungsaufgabe

Um einen signifikanten Lernprozess in der Kategorienzuordnung belegen zu können, wird für jede Bedingung eine einfaktorielle ANOVA mit Messwiederholung mit dem Innersubjektfaktor *richtige Antworten pro Block* gerechnet. Der Faktor setzt sich dabei aus 10 Stufen, die die 10 Blöcke repräsentieren, zusammen.

Zur Überprüfung der Haupthypothese werden nur die jeweils letzten Blöcke in der Kategorisierungsaufgabe herangezogen, da lediglich von Interesse ist, ob sich der Lernerfolg zwischen den Experiemtalbedingungen unterscheidet. Als Voraussetzung für die Analyse wird untersucht, ob sich die Probanden, die die phonologische Aufgabe erhielten, nicht signifikant von den Probanden, die die visuospatiale Aufgabe bearbeiteten, in ihrer grundlegenden Fähigkeit des Kategorienbildens unterscheiden. Dafür wird ihr Lernerfolg im letzten Block der Kontrollbedingung anhand eines einfachen t-Tests für unabhängige Stichproben miteinander verglichen. Ist diese Voraussetzung gegeben, wird ein Differenzmaß für die Versuchspersonen gebildet. Hierzu wird bei jedem Probanden die Lernleistung des letzten Blocks in der Kontrollbedingung von der in der Experimentalbedingung subtrahiert. Dadurch ändert sich das zuvor gemischte Design in ein reines Between-Design. Das Differenzmaß dient nun als abhängige Variable in einer 2x2x2x2 ANOVA, in die die Zwischensubjektfaktoren *Stimulus* (Ring oder Linie), *Kategorienstruktur* (positiv oder negativ), *Reihenfolge* (zuerst die Experimental- und dann die Kontrollbedingung oder umgekehrt) und *Experimentalbedingung* (phonologisch oder visuospatial) aufgenommen werden. Die Aufnahme der übrigen Faktoren neben der Experimentalbedingung soll Aufschluss darüber geben, ob diese Faktoren einen eventuellen Einfluss auf das Kategorienlernen ausüben.

Zur Überprüfung der zusätzlichen Hypothesen wird mithilfe zweier t-Tests für gepaarte Stichproben untersucht ob sich die Leistung des Kategorienlernens im letzten Block der jeweiligen Experimentalbedingung signifikant von der Lernleistung im letzten Block der dazugehörigen Kontrollbedingung unterscheidet (Hierzu werden wieder die tatsächlich erhobenen Werte der Probanden verwendet und nicht das Differenzmaß.).

4 Ergebnisse

4.1 Pilotstudie

Jeder der 14 Probanden bearbeitete die verbale und die visuell-räumliche Arbeits-gedächtnisaufgabe. Dabei wurde in der verbalen Arbeitsgedächtnisaufgabe eine Korrektheit von 89,9% und in der visuell-räumlichen Arbeitsgedächtnisaufgabe eine Korrektheit von 90,1% erzielt. Anhand des t-Tests für gepaarte Stichproben, der ein nicht signifikantes Ergebnis lieferte ($t_{(13)}$ = 0,206; p = .840), konnte dieser bereits augenscheinlich nicht vorhandene Unterschied bestätigt werden. Daraus resultiert, dass sich das Stimulusmaterial zur Auslastung des verbalen und nonverbalen Systems nicht in seiner Schwierigkeit unterscheidet.

4.2 Arbeitsgedächtnisaufgabe

Alle Probanden bearbeiteten die Zusatzaufgabe in der Kontrollbedingung und jeweils 16 von ihnen die phonologische oder die visuospatiale Arbeitsgedächtnisaufgabe. Insgesamt gerechnet, lag die Korrektheit der gegebenen Antworten im Durchschnitt bei 93,4% (SD = 6,9). Einzeln ergab sich für die Kontrollbedingung der Probanden, die auch die phonolo-gische Bedingung erhielten eine Richtigkeit von 98,8% (SD = 0,9) und für die Kontrollbedin-gung, der Probanden, die auch die visuospatiale Bedingung erhielten von 98,4% (SD = 1,6). In der phonologischen Bedingung wurde eine Korrektheit von 91,0% (SD = 5,2) und in der visuospatialen Bedingung von 85,3% (SD = 5,9) erzielt. Dabei zeigte die gemischte 2x2 ANOVA sowohl einen signifikanten Einfluss des Zwischensubjektfaktors *Experimentalbedin-gung* ($F_{(1;30)}$ = 8,93; p = .006) als auch einen signifikanten Einfluss des Innersubjektfaktors *Auslastung vs. nicht Auslastung* ($F_{(1;30)}$ = 109,14; p < .001) auf die Richtigkeit in der Zweit-aufgabe. Auch die Interaktion der beiden Faktoren wurde signifikant ($F_{(1;30)}$ = 6,76; p = .014). In Abbildung 6 ist die Anzahl der richtig gegeben Antworten für die einzelnen Bedingungen dargestellt.

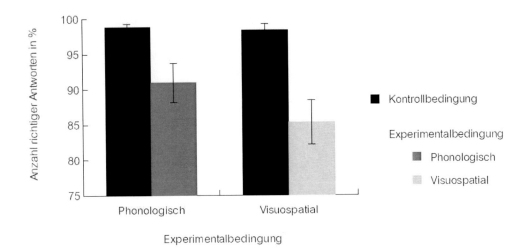

Abbildung 6.   Darstellung der Haupteffekte und des Interaktionseffekts für die richtig gegeben Antworten in der Arbeitsgedächtnisaufgabe. Der Haupteffekt des Zwischensubjektfaktors *Experimentalbedingung* wird durch die Differenz in der phonologischen und der visuospatialen Experimentalbedingung ausgedrückt. Der Haupteffekt des Innersubjektfaktors *Auslastung vs. nicht Auslastung* wird durch die Differenz in der Experimentalbedingung und der dazugehörigen Kontrollbedingung dargestellt. Der Interaktionseffekt ergibt sich, da die Differenz zwischen den Experimentalbedingungen deutlich größer ist als die Differenz zwischen den dazugehörigen Kontrollbedingungen. Die Fehlerbalken stellen das 95%-ige Konfidenzintervall dar.

Zwei Probandinnen in der visuospatialen Bedingung erreichten nicht die geforderte Korrektheit der Antworten von 75% und wurden aus der weiteren Analyse ausgeschlossen. Eine Berechnung mit den vorgeschlagenen 80% wurde zusätzlich durchgeführt. Mit diesem Cut-Off Wert mussten sechs Probanden aus der weiteren Analyse ausgeschlossen werden, wobei dennoch qualitativ ähnliche Ergebnisse zu den nachfolgenden Ergebnissen erzielt wurden (Tabelle 1, Anhang C).

4.3   Kategorisierungsaufgabe

Lernprozess

Für die drei einfaktoriellen ANOVAs mit Messwiederholung, die der Bestimmung des Lernprozesses dienten, konnte für keine der Bedingungen Sphärizität angenommen werden (für alle Bedingungen galt: $W < 0,009$; $p < .002$), sodass die folgenden Ergebnisse nach

Greenhouse-Geisser korrigiert sind. Die Analyse ergab in jeder Bedingung einen hochsignifi-kanten Haupteffekt des Innersubjektfaktors *richtige Antworten pro Block* (kontroll: $F_{(4,6;\ 142,8)}$ = 49,764; p < .001; phonologisch: $F_{(3,4;\ 50,4)}$ = 14,997; p < .001; visuospatial: $F_{(3,8;\ 56,5)}$ = 6,486; p < .001), sodass in allen Bedingungen die Anzahl der richtigen Antworten zunahm (Abb. 7). Dabei wurde in der Kontrollbedingung im letzten Block eine durchschnittliche Korrektheit von 92,8% (SD = 8,1), in der phonologischen Bedingung von 89,1% (SD = 10,5) und in der visuospatialen Bedingung von 68,4% (SD = 21,0) erzielt.

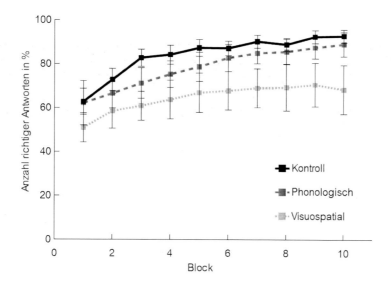

Abbildung 7. Lernprozess über die einzelnen Bedingungen hinweg. Für jeden Block der Bedingungen ist die Anzahl der richtigen Antworten abgetragen. Die Fehlerbalken stellen das 95%-ige Konfidenzintervall dar.

Haupthypothese

Um grundlegend die Fähigkeit des Kategorienbildens zwischen den Probanden, die die phonologische Aufgabe bearbeiteten, und den Probanden, die die visuospatiale Aufgabe bear-beiteten, zu vergleichen, wurde mittels eines t-Tests für unabhängige Stichproben die prozen-tuale Häufigkeit ihrer richtigen Antworten im letzten Block in der Kontrollbedingung vergli-chen. Die Analyse ergab keinen signifikanten Unterschied ($t_{(30)}$ = 0,429; p = .671) zwischen der phonologischen (MW = 93,4; SD = 8,1) und der visuospatialen (MW = 92,2; SD = 8,4) Gruppe bezüglich ihrer Fähigkeit in der Kontrollbedingung die Stimuli den richtigen Kate-gorien zuzuordnen. Infolge dessen wurde für jeden Probanden ein Differenzmaß gebildet (MW_p = 4,4; SD_p = 9,3 / MW_v = 23,4; SD_v = 18,2), indem seine Lernleistung im letzten Block

31

in der Kontrollbedingung von seiner Lernleistung im letzten Block in der Experimentalbedingung abgezogen wurde. Die anschließende Berechnung der 2x2x2x2 ANOVA für den letzten Block mit den Faktoren *Experimentalbedingung*, *Reihenfolge*, *Stimulus* und *Kategorienstruktur*, bestätigte den erwarteten signifikanten Haupteffekt der *Experimentalbedingung* ($F_{(1;16)}$ = 11,738; p = .003), der in Abbildung 8 dargestellt ist, während alle anderen Haupteffekte und Interaktionseffekte auf einem Niveau von α = 5% nicht signifikant wurden (Tabelle 2, Anhang C).

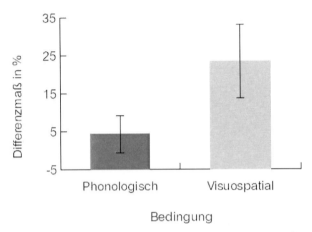

Abbildung 8.   Haupteffekt der Experimentalbedingung. Durchschnittliches Differenzmaß im letzten Block für die phonologische und visuospatiale Bedingung. Die Fehlerbalken stellen das 95%-ige Konfidenzintervall dar.

Zusätzliche Hypothesen

Der t-Test für gepaarte Stichproben zur Überprüfung der Zusatzhypothese, ergab den angenommenen signifikanten Unterschied ($t_{(15)}$ = 5,140; p < .001) in der Lernleistung im letzten Block zwischen der visuospatialen (MW = 68,4; SD = 21,0) und der dazugehörigen Kontrollbedingung (MW = 92,2; SD = 8,4). Der angenommene nicht signifikante Unterschied zwischen der phonologischen (MW = 89,1; SD = 10,5) und der dazugehörigen Kontrollbedingung (MW = 93,4; SD = 8,1) konnte zwar bestätigt werden, jedoch ließ sich ein Trend verzeichnen ($t_{(15)}$ = 1,884; p = .079). In Abbildung 9 sind die prozentualen Häufigkeiten der richtigen Antworten im letzten Block für jede Bedingung abgetragen.

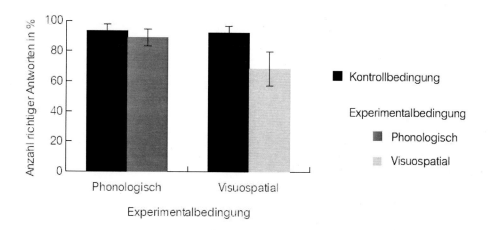

Abbildung 9.   Prozentualer Anteil richtiger Antworten im letzten Block für die Experimental- und ihre dazu-gehörige Kontrollbedingung in der Kategorisierungsaufgabe. Es wird deutlich, das zwischen der visuospatialen und ihrer Kontrollbedingung ein sehr starker Unterschied im Kategorienlernen besteht, während der Unterschied zwischen der phonologischen und ihrer Kontrollbedingung deutlich kleiner ausfällt. Die Fehlerbalken stellen das 95%-ige Konfidenzintervall dar.

5   Diskussion

In der vorliegenden Arbeit wurde der Frage nachgegangen, ob das visuell-räumliche Arbeitsgedächtnis im Sinne der Theorie von Minda und Miles (2010) am Erlernen der Zuordnung von Stimuli zu Informations-Integrations-Kategorien beteiligt ist. Dafür mussten die Probanden während sie Kategorien einer Informations-Integrations-Aufgabe erlernten simultan eine Zweitaufgabe erfüllen, die entweder ihr verbales (phonologische Bedingung) oder ihr visuell-räumliches (visuospatiale Bedingung) Arbeitsgedächtnis beanspruchte bzw. in der Kontrollbedingung keinen zusätzlichen Anspruch an kognitive Ressourcen stellte. Die Ergebnisse dieser Studie konnten alle aufgestellten Hypothesen bestätigen. In den Resultaten wurde ersichtlich, dass Probanden, die simultan eine visuell-räumliche Aufgabe bearbeiten mussten, eine wesentlich schlechtere Lernleistung in der Kategorisierungsaufgabe aufwiesen als Probanden, die simultan eine verbale Aufgabe bearbeiten mussten. Der Einfluss weiterer Faktoren, wie der Reihenfolge, des Stimulusmaterials oder der Kategorienstruktur auf das Kategorienlernen wurde dabei nicht signifikant.Weiterhin konnte ein signifikanter Unterschied zwischen der Lernleistung in der visuospatialen Bedingung und der Lernleistung in der Kontrollbedingung bestätigt werden. Der Unterschied zwischen der Leistung in der phonologischen Bedingung und der Leistung in der Kontrollbedingung wurde, wie angenommen, nicht signifikant, jedoch war eine Tendenz zu verzeichnen. Dies spricht dafür, dass das verbale System eventuell doch eine Rolle beim Erlernen von Informations-Integrations-Kategorien spielt. Zu guter Letzt zeigte sich, dass in allen Bedingungen (phonologische, visuospatiale und Kontrollbedingung) ein Lernprozess zu verzeichnen war, sodass die Anzahl der richtig gegebenen Antworten im Laufe des Experiments zunahm. Nachfolgend werden die einzelnen Ergebnisse näher betrachtet und in den Zusammenhang mit bisherigen Befunden gestellt.

5.1   Interpretation der Ergebnisse

Die Ergebnisse konnten aufzeigen, dass das Informations-Integrations-Kategorien-lernen auch ohne Feedback möglich ist. Dadurch lässt sich Minda und Miles' (2010) Annahme bestätigen, dass es neben dem prozeduralen Lernen, dass nach Ashby et al. (2002) über die Assoziation des Stimulus mit der Antwort erfolgt und daher dem Feedback bedarf, noch eine weitere nonverbale Komponente existieren muss, die das Erlernen der Kategorien ermöglicht. Die in der Studie gefundene einfache Dissoziation, dass die Probanden mit der visuell-räumlichen

Zusatzaufgabe eine wesentlich schlechtere Leistung im Erlernen der Kategorien erbrachten als die Probanden mit der verbalen Zusatzaufgabe, spricht weiterhin für die Annahme, dass das visuell-räumliche Arbeitsgedächtnis, nicht aber das verbale Arbeitsgedächtnis in das Informations-Integrations-Kategorienlernen involviert ist und stellt einen Beleg für die Theorie des verbalen und nonverbalen Kategorienlernens (Minda & Miles, 2010) dar. Bereits existierende Studien, die den Einfluss des Arbeitsgedächtnisses auf das Informations-Integrations-Kategorienlernen untersuchten (u.a. Waldron & Ashby, 2001; Zeithamova & Maddox, 2006) nahmen an, dass das Arbeitsgedächtnis nur einen Einfluss auf das regelbasierte Bilden von Kategorien besitzt. Diese Studien haben allerdings gemeinsam, dass sie lediglich den Einfluss des verbalen Arbeitsgedächtnisses überprüften und daraus generalisierten, das Arbeitsgedächtnis besäße keinen Einfluss auf das Informations-Integrations-Kategorienlernen. So formulierten z.B. Zeithamova und Maddox in ihrer Studie (2007): „The fact that the presence of the Stroop task affected UD rulebased category learning the most provides an empirical test of the COVIS proposition that the explicit hypothesistesting system, but not the implicit system, relies on working memory […] .". Eine weitere Arbeit von Zeithamova und Maddox (2007) untersuchte ausgehend von den Ergebnissen der Studie von Maddox et al. (2004) sowohl den Einfluss des verbalen als auch des visuell-räumlichen Arbeitsgedächtnisses auf das regelbasierte und das Informations-Integrations-Kategorienlernen. Sie konnten für beide Komponenten des Arbeitsgedächtnisses einen Einfluss auf das regelbasierte Kategorienlernen, für keine der beiden jedoch einen Einfluss auf das Erlernen von Informations-Integrations-Kategorien feststellen. Der Einfluss des visuell-räumlichen Arbeitsgedächtnisses auf regelbasiertes Lernen wird von den Autoren selbst nur vage mit eventuell geteilten kognitiven Ressourcen des verbalen und visuell-räumlichen Arbeitsgedächtnisses oder anderen nicht näher beschriebenen Mechanismen erklärt. Der fehlende Einfluss des visuell-räumlichen Arbeitsgedächtnisses auf das Informations-Integrations-Kategorienlernen ist jedoch anhand zweier Aspekte erklärbar. Erstens wurde feedbackbasiertes Lernen verwendet, sodass das Kategorienlernen nach Ansicht von Minda und Miles (2010), trotz der Auslastung des visuell-räumlichen Arbeitsgedächtnisses, noch über die Assoziation zwischen Stimulus und Antwort erfolgen kann. Zweitens war die Abfolge der Kategorisierungs- und der Arbeitsgedächtnisaufgabe so geartet, dass die beiden Aufgaben weitgehend unabhängig voneinander bearbeitet werden konnten. Erst nachdem auf die Stimuluszuordnung zu der Kategorie ein Feedback erfolgte, wurde die Arbeitsgedächtnisaufgabe präsentiert, sodass keine Interferenzeffekte zu erwarten sind (vermutlich wären mit diesem Experimentalablauf selbst dann keine Interferenzeffekte aufgetreten, wenn das Kategorienlernen observational erfolgt wäre). Mit der vorliegenden Arbeit jedoch kann entgegen der eben genannten Studien (Waldron & Ashby, 2001; Zeithamova & Maddox, 2006, Zeithamova & Maddox, 2007) aufgezeigt werden, dass das visuell-räumliche Arbeitsgedächtnis einen Einfluss auf das Informations-Integrations-Kategorienlernen besitzt und eine Differenzierung des Arbeitsgedächtnisses in verbale und visuell-räumliche Prozesse, wie Minda und Miles (2010) es vorschlagen, sinnvoll ist.

Das Verhältnis der Leistung in den Experimentalbedingungen zu der Leistung in der Kontrollbedingung bestärkt noch einmal die eben beschriebenen Aspekte. Der nicht signifikante Unterschied zwischen der Lernleistung in der phonologischen Bedingung und der Kontrollbedingung stellt zusätzlich zu der einfachen Dissoziation eine Evidenz dafür dar, dass das Informations-Integrations-Kategorienlernen weitestgehend unabhängig vom verbalen System erfolgt. Weitestgehend, da ein Trend zu verzeichnen war (.079), der sich durch den Aspekt erklären lässt, dass artikulatorische Rehearsalprozesse eine wichtige Rolle beim Memorieren von Informationen im visuellen Speicher des Visuospatialen Skizzenblocks (Morey & Cowan, 2004; Wynn & Coolidge, 2010) spielen. Dies lässt die Vermutung zu, dass das verbale und visuell-räumliche Arbeitsgedächtnis nicht gänzlich unabhängig voneinander arbeiten und somit auch das verbale und nonverbale System aus der Theorie von Minda und Miles (2010) nicht vollkommen unabhängig voneinander sind. Morey und Cowan (2004) konnten in einem Experiment zeigen, dass sich durch das Wiederholen von sieben unbekannten Zahlen die Leistung in einer visuell-räumlichen Aufgabe merklich verschlechterte. Sie gehen davon aus, dass eine grundlegende Kapazitätsgrenze über die verschiedenen Komponenten des Arbeitsgedächtnisses hinweg existiert, sodass sich Interferenzen auch zwischen verbalen und visuell-räumlichen Aufgaben zeigen. In diesem Fall wäre für die vorliegende Studie denkbar, dass ein gewisses Maß an verbalen Ressourcen vorhanden sein muss, um die Kategorienzugehörigkeit der Informations-Integrations-Aufgabe zu erlernen. Da in der phonologischen Bedingung fünf unbekannte Zahlen wiederholt werden mussten, während die Beispiele für die Kategorien präsentiert wurden, sind die verfügbaren verbalen Ressourcen im Gegensatz zur Kontrollbedingung für das Informations-Integrations-Kategorienlernen reduziert. Der marginal vorhandene Unterschied in der Lernleistung zwischen den beiden Bedingungen könnte darauf zurückzuführen sein. Dennoch bleibt zu beachten, dass der Leistungsunterschied gering war (93,4% zu 89,1%) und zusätzliche Untersuchungen notwendig wären, um eine gewisse Abhängigkeit zwischen den Systemen zu replizieren.

Des Weiteren ergaben die Ergebnisse, dass in allen Bedingungen ein Lernprozess vorhanden ist, selbst in der visuospatialen Bedingung, die das visuell-räumliche Arbeitsgedächtnis der Probanden auslastet. Es wäre anzunehmen gewesen, dass sich im Laufe des Experiments keine Verbesserung der Zuordnung der Stimuli zu den Kategorien einstellt, wenn die dafür notwendigen Ressourcen bereits durch die visuell-räumliche Arbeitsgedächtnisaufgabe beansprucht werden. Dennoch war ein Lernprozess in der visuospatialen Bedingung zu verzeichnen, der sich dadurch erklären lässt, dass die Probanden suboptimale regelbasierte Strategien verwendeten, wenn ihnen das Lernen über das visuell-räumliche Arbeitsgedächtnis nicht möglich war (Ashby et al., 2002). Diese Annahme korrespondiert mit der Theorie des verbalen und nonverbalen Kategorienlernens (Minda & Miles, 2010). In ihr wird postuliert, dass beide Systeme parallel zueinander arbeiten, so dass bei Blockierung oder Ausfall eines der Systeme die Kategorisierung über das jeweils andere System verläuft. Demnach hätte in dem vorliegenden Experiment das verbale System das Zuordnen der Stimuli zu den Kategorien übernommen, während das nonverbale System durch die visuell-räumliche Zusatzaufgabe ausgelastet ist. Da sich die Zuordnungsregel einer Informations-Integrations-Aufgabe jedoch nicht bzw. nur sehr schwer verbalisieren lässt, führt das regelbasierte Lernen über das verbale System in den meisten Fällen nur zu suboptimalen Leistungen, wie sie auch in der Studie zu verzeichnen sind. Ob die Versuchspersonen in der visuospatialen Bedingung jedoch tatsächlich regelbasiertes Lernen oder doch andere suboptimale Strategien nutzten, muss anhand modellbasierter Analysen überprüft werden, die allerdings nicht im Rahmen dieser Arbeit liegen.

5.2   Kritik an der Studie

5.2.1   Stärken

Anders als man es in Minda und Miles' (2010) Studie vermuten konnte, ist ein Memorieren der Stimuli oder ein assoziatives Lernen in dem vorliegenden Experiment ausgeschlossen, da die Stimuli entlang einer kontinuierlichen Dimension generiert wurden und die Probanden kein Feedback erhielten. Das Kategorienlernen erfolgte demnach über die Observation von Beispielen, denen ihre Kategorienzugehörigkeit vorausging und konnte aufgrund des fehlenden Feedbacks nicht mit einer Antwortreaktion assoziiert werden. Durch die Beachtung dieser beiden Aspekte können wichtige Alternativerklärungen außer Kraft gesetzt werden. Die Ergebnisse der vorliegenden Arbeit stellen daher eine solide Evidenz für die Theorie des verbalen und nonverbalen Kategorienlernens dar.

Die ergebnislose Überprüfung der zusätzlichen Einflussfaktoren *Reihenfolge*, *Stimulusmaterial* und *Kategorienstruktur* bestätigt, dass die Ergebnisse einzig und allein auf die unterschiedlichen Zusatzaufgaben zurückzuführen sind. Weitere Alternativerklärungen können demnach ausgeschlossen werden, sodass dieser Befund die Annahmen der Theorie nach Minda und Miles (2010) zusätzlich stärkt.

5.2.2 Schwächen

In der vorliegenden Arbeit konnte eine einfache Dissoziation nachgewiesen werden, deren häufig genannte Alternativerklärung die unterschiedliche Schwierigkeit der Aufgaben ist (Dittrich, 2009). Demnach wäre das Erlernen der Kategorien nicht zwingend auf Prozesse des visuell-räumlichen Arbeitsgedächtnisses zurückzuführen, sondern die schlechtere Leistung könnte auch durch die höhere Schwierigkeit der visuell-räumlichen Zweitaufgabe bedingt sein. Dieser Alternativerklärung wurde versucht durch das Durchführen einer Pilotstudie zu entgehen. Dabei ist jedoch zu beachten, dass nicht sichergestellt werden kann, ob die Probanden in der Pilotstudie während der Durchführung der visuell-räumlichen Arbeitsgedächtnisaufgabe Verbalisierungstechniken verwendeten, da keine Zweitaufgabe zur artikulatorischen Unterdrückung verwendet wurde. Die Probanden wurden lediglich darauf hingewiesen sich die Displays mit den farbigen Quadraten nicht verbal, sondern über den visuellen Eindruck einzuprägen. Da die Pilotstudie dem echten Experiment angelehnt sein sollte, wurde ein ähnlich langes Delay bis zur Abfrage gewählt (3500ms). Aufgrund der Dominanz des verbalen Systems (Minda & Miles, 2010) ist eine Verbalisierung daher nicht auszuschließen und die Annahme, die Schwierigkeiten der beiden Arbeitsgedächtnisaufgaben seien gleich, wäre fehlerhaft. Dies würde dazu führen, dass sich die Schwierigkeit der visuell-räumlichen Aufgabe im richtigen Experiment erhöht, da aufgrund des kurzen Zeitintervalls bis zur Präsentation des Beispielstimulus keine Möglichkeit mehr zur Verbalisierung bestand. In dem Fall wäre es denkbar, dass die visuell-räumliche Zweitaufgabe im Gegensatz zur verbalen Zweitaufgabe mehr Aufmerksamkeit benötigt, um bearbeitet werden zu können und die schlechteren Leistungen in der visuospatialen Bedingung auf die höhere Schwierigkeit und damit der geringeren zur Verfügung stehenden Aufmerksamkeit zurückzuführen sind. Einen Hinweis auf eine eventuell im Experiment unterschiedliche Schwierigkeit liefert der signifikante Unterschied in der Analyse der Fehlerraten in der Arbeitsgedächtnisaufgabe. Dabei ist ungeklärt, ob die erhöhte Fehlerrate tatsächlich durch eine schwierigere Aufgabe oder durch die starke Interferenz mit der Kategorisierungsaufgabe hervorgerufen wurde. In einer nächsten Untersuchung sollte bereits in der Pilotstudie eine Dual-Task verwendet werden. Demnach sollte während der visuell-räumlichen Arbeitsgedächtnisaufgabe eine zweite verbale Aufgabe zur artikulatorischen Unterdrückung genutzt werden, um ein verbales Memorieren der Stimuli zu verhindern. Auch während der verbalen Arbeitsgedächtnisaufgabe sollte eine zweite visuell-räumliche Aufgabe gestellt werden, um ein zusätzliches visuelles Einprägen des Materials zu unterbinden. Mit diesem Design kann eine zusätzliche Enkodierung über das jeweils andere System vermieden und somit eine bessere Übereinstimmung mit den Ansprüchen, die im richtigen Experiment an die Probanden gestellt werden, erzielt werden.

Weiterhin war zu beobachten, dass die Reaktionszeiten in der phonologischen Bedingung höher waren als in der visuospatialen Bedingung. Dies könnte unter anderem an der Art der Abfrage liegen. Es ist davon auszugehen, dass die Präsentation eines Satzes für die Abfrage der verbalen Arbeitsgedächtnisaufgabe („Wurde die 3 an der Stelle 1 präsentiert?"), mehr Zeit für die Enkodierung in Anspruch nimmt als das Display zur Abfrage der visuell-räumlichen Arbeitsgedächtnisaufgabe. Hier wäre es eventuell vorteilhafter die Abfrage ähnlich der von Cowan und Morey (2007) zu gestalten, indem lediglich fünf Striche als Platzhalter präsentiert werden (ähnlich dem Galgenraten), von denen über einem eine Zahl dargestellt ist. Demnach muss der Proband entscheiden ob die dargestellte Zahl an der Stelle, an der sie präsentiert wird (z.B. über dem ersten Strich) in der zu memorierenden Zahlenreihe vorhanden war. Da jedoch in der vorliegenden Arbeit die Fehlerraten und nicht die Reaktionszeiten relevant sind, ergibt sich dadurch kein abschwächender Einfluss auf die Ergebnisse. Dieser Aspekt dient damit lediglich der weiteren Optimierung des Experiments.

5.3 Zusammenfassende Diskussion

Die vorliegende Studie kann zeigen, dass das visuell-räumliche Arbeitsgedächtnis beim Erlernen von Informations-Integrations-Kategorien eingebunden ist und dient als Evidenz für die von Minda und Miles aufgestellte Theorie (2010). Gleichzeitig liefert sie einen Hinweis darauf, dass das nonverbale System für das Erlernen von Informations-Integrations-Kategorien eventuell nicht vollkommen unabhängig vom verbalen System ist und für diesen Prozess ein Minimum an verbalen Ressourcen vorhanden sein muss. Weiterhin lässt diese Arbeit in Übereinstimmung mit vielen Theorien des perzeptuellen Kategorienlernens (u.a. Ashby et al., 1998; Minda & Miles, 2010) annehmen, dass beide Systeme parallel zueinander arbeiten und die Kategorisierung in einer Informations-Integrations-Aufgabe über das verbale System erfolgt, wenn das nonverbale System nicht zur Verfügung steht. Generell stehen die vorliegenden Resultate nicht zwingend im Widerspruch mit der aktuell dominierenden COVIS-Theorie, sondern stellen viel mehr eine Erweiterung oder Revision dieser dar, indem Minda und Miles (2010) das implizite System, was für das prozedurale Lernen via Assoziation notwendig ist (Ashby et al., 1998), als Bestandteil ihres nonverbalen Systems sehen. Sie sprechen dem System eine weitaus größere Rolle zu als es bisher getan wurde und nehmen daher auch mehrere kognitive Prozesse an, die dem Erlernen von nonverbalen Kategorien dienlich sind. Da auch die die Theorie des verbalen und nonverbalen Kategorienlernens eine Theorie multipler Kategorisierungssysteme ist, stehen die Ergebnisse im Einklang mit der weit verbreiteten Überzeugung, dass perzeptuelles Kategorienlernen über funktional separierbare Systeme erfolgt (u.a. Nosofsky, Palmeri & McKinley, 1994; Ashby et al., 1998; Minda & Miles, 2010).

5.4   Ausblick

Neben den bereits diskutierten Limitierungen dieser Studie und den sich daraus ableitenden Folgeexperimenten, ergeben sich weitere Fragestellungen, deren künftige Überprüfung von Interesse wäre.

Zunächst stellen sich einige methodische Fragen im Zusammenhang des visuell-räumlichen Arbeitsgedächtnisses und des Informations-Integrations-Kategorienlernens. Demnach sind weitere Untersuchungen notwendig, um zu klären, ob das visuell-räumliche Arbeitsgedächtnis auch genutzt werden kann, um nonlineare Informations-Integrations-Aufgabe zu bearbeiten oder ob die Kategorienbildung in dem Fall zu komplex für das visuell-räumliche Arbeitsgedächtnis ist und daher nur mithilfe von Feedback erlernt werden kann. Weiterhin wäre es sinnvoll in einer weiteren Studie eine doppelte Dissoziation anzustreben, ähnlich wie es Zeithamova und Maddox (2007) versuchten. Diese besteht, wenn das verbale Arbeitsgedächtnis lediglich dem regelbasierten und das visuell-räumliche Arbeitsgedächtnis allein dem Informations-Integrations-Kategorienlernen dient. Mithilfe der doppelten Dissoziation ist es möglich eine klare Abgrenzung des verbalen und des nonverbalen Systems vorzunehmen und eine eindeutige Zuständigkeit der kognitiven Prozesse zu den Formen des Kategorienlernens zu definieren. Nach der vorliegenden Arbeit stellt sich allerdings die Frage, ob das visuell-räumliche Arbeitsgedächtnis auch eine Rolle beim regelbasierten Kategorienlernen spielt (Zeithamova & Maddox, 2009), und wenn ja, welche. Ließe sich der Befund von Zeithamova und Maddox (2009) replizieren, spräche dies gegen eine doppelte Dissoziation der Systeme, da zumindest das visuell-räumliche Arbeitsgedächtnis in den Lernprozess von regelbasierten Kategorien involviert wäre. Die letzte methodische Fragestellung ist motiviert durch das vier-dimensionale multiple Ressourcenmodell von Wickens (2002). In ihm unterscheidet er unter anderem die auditive von der visuellen Modalität sowie eine räumliche von einer verbalen Kodierung. Er nimmt dabei an, dass Aufgaben stärker miteinander interferieren, wenn sie in einer gegebenen Dimension dieselben Ressourcen beanspruchen als wenn sie in dieser Dimension unterschiedliche Ressourcen erfordern. Demnach treten zwischen zwei Aufgaben, von denen die eine verbaler und die andere räumlicher Natur ist, stärkere Interferenzen auf, wenn beide Aufgaben visuell präsentiert werden als wenn eine Aufgabe visuell und die andere auditiv präsentiert wird. In der phonologischen Bedingung der vorliegenden Studie existierte in keiner der genannten Dimensionen eine Überschneidung der Ressourcen, da die Arbeitsge-dächtnisaufgabe auditiv und verbal und die Kategorisierungsaufgabe visuell und räumlich präsentiert wurde. Die Frage, die sich stellt, ist, ob die Leistung im Informations-Integrations-Kategorienlernen abnimmt, wenn die verbale Arbeitsgedächtnisaufgabe ebenfalls visuell an-statt auditiv präsentiert wird. In diesem Fall müsste eine Erweiterung der Theorie vorgenom-men werden, in der nicht nur nach der Art der Enkodierung, sondern auch nach der Art der Präsentation des Materials differenziert wird.

Inhaltlich stellt sich die Frage der Bedeutung des mentalen Vorstellungsvermögens im Zusammenhang mit dem nonverbalen Kategorienlernen. Minda und Miles (2010) geben diesbezüglich nur vage Vermutungen an, nach denen das mentale Vorstellungsvermögen und das visuell-räumliche Arbeitsgedächtnis in dem Maße zusammenarbeiten, dass das visuell-räumliche Arbeitsgedächtnis der Manipulation und dem kurzfristigen Behalten der Informa-tionen dient, während das mentale Vorstellungsvermögen verwendet wird, wenn Informa-tionen über einen längeren Zeitraum aufrecht gehalten werden müssen. Fraglich ist hierbei, ob das mentale Vorstellungsvermögen tatsächlich einen eigenständigen kognitiven Prozess dar-stellt, wie es derzeit ihre Theorie des verbalen und nonverbalen Kategorienlernens beschreibt, oder ob diese Fähigkeit eher ein notwendiger Bestandteil des visuell-räumlichen Arbeitsge-dächtnisses ist. Um diesen Aspekt zu überprüfen, ist mindestens ein einfache Dissoziation und damit ein Experimentaldesign nötig, in dem mithilfe einer Doppelaufgabe spezifisch das mentale Vorstellungsvermögen beansprucht wird, während die Zuordnung der Stimuli zu Informations-Integrations-Kategorien erlernt werden muss. Gleichzeitig müsste verhindert werden, dass das Kategorienlernen über das visuell-räumliche Arbeitsgedächtnis oder über Assoziation erfolgen kann. Führt eine gezielte Auslastung des mentalen Vorstellungsvermögen im Gegensatz zu keiner Auslastung des mentalen Vorstellungsvermögens zu signifikant schlechteren Leistungen im Kategorienlernen, ist es möglich, dass diese kognitive Komponente ebenfalls das Informations-Integrations-Kategorienlernen ermöglicht.

Literatur

Ashby, F. G., Alfonso-Reese, L. A., Turken, A. U. & Waldron, E. M. (1998). A Neuro-psychological Theory of Multiple Systems in Category Learning. *Psychological Review, 105 (3)*, 442-481.

Ashby, F. G. & Ell, S. W. (2001). The neurobiology of human category learning. *Trends in Cognitive Sciences, 5 (5)*, 204-210.

Ashby, F. G. & Gott, R. E. (1988). Decision Rules in the Perception and Categorization of Multidimensional Stimuli. *Journal of Experimental Psychology: Learning, Memory, and Cognition, 14 (1)*, 33-53.

Ashby, F. G. & Maddox, W. T. (1994). A Response Time Theory of Separability and Integrality in Speeded Classification. *Journal of Mathematical Psychology, 38*, 423-466.

Ashby, F. G. & Maddox, W. T. (2005). Human category learning. *Annual Review of Psychology, 56*, 149-178.

Ashby, F. G., Maddox, W. T. & Bohil, C. J. (2002). Observational versus feedback training in rulebased and information-integration category learning. *Memory & Cognition, 30 (5)*, 666–77.

Ashby, F. G. & Waldron, E. M. (1999). On the nature of implicit categorization. *Psychonomic Bulletin & Review, 6 (3)*, 363-378.

Baddeley, A. D. (2003). Working Memory: Looking Back and Looking Forward. *Nature Reviews Neuroscience, 4*, 829-839.

Baddeley, A. D. (2007). *Working Memory, Thought and Action*. Oxford: Oxford University Press.

Baddeley, A. D. (2010). Working Memory. *Current Biology, 20 (4)*, 136-140.

Baddeley, A. D. & Hitch, G. J. (1974). Working Memory. In G. A. Bower (Hrsg.), *Recent Advances in Learning and Motivation* (S. 47-89). New York: Academic Press.

Baddeley, A. D., Hitch, G. J. & Allen, R. J. (2009). Working memory and binding in sentence recall. *Journal of Memory and Language, 61 (3)*, 438-456.

Cincotta, C. M. & Seger, C. A. (2007). Dissociation between Striatal Regions while Learning to Categorize via Feedback and via Observation. *Journal of Cognitive Neuroscience, 19 (2)*, 249-265.

Cowan, N. & Morey, C. C. (2007). How can Dual-Task Working Memory Retention Limits be Investigated? *Psychological Science, 18 (8)*, 686-688.

Daniel, R. & Pollmann, S. (2010). Comparing the Neural Basis of Monetary Reward and Cognitive Feedback during Information-Integration Category Learning. *The Journal of Neuroscience, 30 (1)*, 47-55.

Darling, S., Della Sala, S. & Logie, R. H. (2009). Dissociation between appearance and location within visuo-spatial working memory. *The Quarterly Journal of Experimental Psychology, 62 (3)*, 417-425.

DeCaro, M. S., Thomas, R. D. & Beilock, S. L. (2008) Individual differences in category learning: Sometimes less working memory capacity is better than more. *Cognition, 107 (1)*, 284-294.

Della Sala, S. & Logie, R. H. (2002). Neurospsychological impairments of visual and spatial working memory. In A. D. Baddeley, M. D. Kopelman & B. A. Wilson (Hrsg.), *Handbook of memory disorders* (2. Aufl., S. 271-292). Chichester: Wiley.

Della Sala, S., Gray, C., Baddeley, A., Allamano, N. & Wilson, L. (1999). Pattern span: a tool for unwelding visuo-spatial memory. *Neuropsychologia, 37 (10)*, 1189-1199.

Dittrich, K. (2009). *Die Rolle nonverbal-akustischer kognitiver Ressourcen im Informationsverarbeitungsprozess.* Nicht veröffentlichte Studienabschlussarbeit, Albert-Ludwigs-Universität, Freiburg im Breisgau.

Erickson, M. A. & Kruschke, J. K. (1998). Rules and exemplars in category learning. *Journal of Experimental Psychology: General, 127 (2)*, 107-140.

Harris, H. D. & Minda, J. P. (2006). An attention based model of learning a function and a category in parallel. In R. Sun & N. Miyake (Hrsg.), *The Proceedings of the 28th Annual Meeting of the Cognitive Science Society* (S. 321–326). Hillsdale, New Jersey: Lawrence Erlbaum Associates.

Hole, G. J. (1996). Decay and interference effects in visuospatial short-term memory. *Perception, 25 (1)*, 53-64.

Logie, R. H. (1995). *Visuo-Spatial Working Memory*. Hove, UK: Lawrence Erlbaum Associates.

Logie, R. H. (2003). Spatial and visual working memory: a mental workspace. In D. E. Irwin & B. H. Ross (Hrsg.), *The Psychology of Learningand Motivation (Volume 42): Cognitive Vision* (S. 37-78). New York: Academic Press.

Luck S. J. & Vogel E. K. (1997). The capacity of visual working memory for features and conjunctions. *Nature, 390*, 279-281.

Maddox, W. T. & Ashby, F. G. (1993). Comparing decision bound and exemplar models of categorization. *Perception & Psychophysics, 53 (1)*, 49-70.

Maddox, W. T., Ashby, F. G. & Bohil, C. J. (2003). Delayed Feedback Effects on Rule-Based and Information-Integration Category Learning. *Journal of Experimental Psychology: Learning, Memory, and Cognition, 29 (4)*, 650-662.

Maddox, W. T., Ashby, F. G., Ing, A. D. & Pickering, A. D. (2004). Disrupting feedback processing interferes with rule-based but not information-integration category learning. *Memory & Cognition, 32 (4)*, 582-591.

Miyake, A. & Shah, P. (Hrsg.). (1999). *Models of working memory: Mechanisms of active maintenance and executive control.* New York: Cambridge University Press.

Minda, J. P. & Miles, S. J. (2010). The Influence of Verbal and Nonverbal Processing on Category Learning. In B. H. Ross (Hrsg.), *The Psychology of Learning and Motivation* (Volume 52, S. 117-162). Burlington: Academic Press.

Morey, C. C. & Cowan, N. (2004). When visual and verbal memories compete: Evidence of cross-domain limits in working memory. *Psychonomic Bulletin & Review, 11 (2)*, 296-301.

Navon, D. & Gopher, D. (1979). On the economy of the human-processing system. *Psychological Review, 86*, 214–255.

Norman, D. A. & Shallice, T. (1986). Attention to action. In R. J. Davidson, G. E. Schwartz & D. Shapiro (Hrsg.), *Consciousness and self-regulation: Advances in theory and research* (S. 1-18). New-York: Plenum Press.

Nosofsky, R. M., Palmeri, T. J. & McKinley, S. C. (1994). Rule-plus-exception model of classification learning. *Psychological Review, 101 (1)*, 53-79.

Pashler, H. (1994). Dual-Task Interference in Simple Tasks: Data and Theory. *Psychological Bulletin, 116 (2)*, 220-244.

Rudkin, S., Pearson, D. G. & Logie, R. II. (2007). Executive processes in visual and spatial working memory tasks. *Quarterly Journal of Experimental Psychology, 60 (1)*, 79-100.

Seger, C. A. & Miller, E. K. (2010). Category Learning in the Brain. *Annual Review of Neuroscience, 33*, 203-219.

Shepard, R. N., Hovland, C. I. & Jenkins, H. M. (1961). Learning and memorization of classifications. *Psychological Monographs, 75 (13)*, 1-42 (gesamte Ausgabe 517).

Tombu, M. & Jolicœur, P. (2003). A Central Capacity Sharing Model of Dual-Task Performance. *Journal of Experimental Psychology: Human Perception and Performance, 29 (1)*, 3-18.

Waldron, E. M. & Ashby, F. G. (2001). The effects of concurrent task interference on category learning: evidence for multiple category learning systems . *Psychonomic Bulletin & Review, 8 (1)*, 168-76.

Wynn, T. & Coolidge, F. L. (2010). Beyond Language and Symbolism: An Introduction to Supplement 1, Working Memory. In Wenner-Gren Foundation for Anthropological Research (Hrsg.), *Current Anthropology (Volume 51): Working Memory: Beyond Language and Symbolism* (S. 5-16). Chicago: University of Chicago Press.

Wickens, C. D. (2002). Multiple resources and performance prediction. *Theoretical Issues in Ergonomics Science, 3 (2)*, 159-177.

Zeithamova, D. & Maddox, W. T. (2006). Dual-task interference in perceptual category learning. *Memory & Cognition, 34 (2)*, 387-398.

Zeithamova, D. & Maddox, W. T. (2007). The role of visuospatial and verbal working memory in perceptual category learning. *Memory & Cognition, 35 (6)*, 1380-1398.

Zeithamova, D. & Maddox, W. T. (2009). Learning mode and exemplar sequencing in unsupervised category learning. *Journal of Experimental Psychology: Learning, Memory and Cognition*, 35 *(3)*, 731-741.

Anhang A

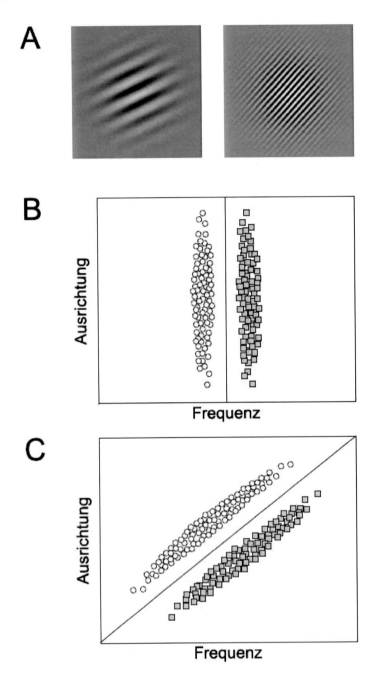

Abbildung   A, Beispiele für Gabor Patches als mögliche Stimuli in einer Aufgabe zum Kategorienlernen, die sich hinsichtlich ihrer Frequenz und Ausrichtung unterscheiden. B, ein möglich verwendeter Plot für eine eindimensionale regelbasierte Kategorisierungsaufgabe, in der lediglich die Frequenz über die Zugehörigkeit zu der Kategorie entscheidet. C, ein möglich verwendeter Plot für eine Information-Integrations-Kategorisierungsaufgabe, in der sowohl die Ausrichtung als auch die Frequenz für die korrekte Zuordnung entscheidend sind.

Anhang B

Tabelle

Aufgabenkombinationen der vorliegenden Studie

Tag 1			Tag 2		
Stimulus	Kategorien-struktur	Bedingung	Stimulus	Kategorien-struktur	Bedingung
Ring	positiv	Kontroll	Linien	negativ	phonologisch
Ring	positiv	Kontroll	Linien	negativ	visuospatial
Ring	positiv	phonologisch	Linien	negativ	Kontroll
Ring	positiv	visuospatial	Linien	negativ	Kontroll
Ring	negativ	Kontroll	Linien	positiv	phonologisch
Ring	negativ	Kontroll	Linien	positiv	visuospatial
Ring	negativ	phonologisch	Linien	positiv	Kontroll
Ring	negativ	visuospatial	Linien	positiv	Kontroll
Linien	positiv	Kontroll	Ring	negativ	phonologisch
Linien	positiv	Kontroll	Ring	negativ	visuospatial
Linien	positiv	phonologisch	Ring	negativ	Kontroll
Linien	positiv	visuospatial	Ring	negativ	Kontroll
Linien	negativ	Kontroll	Ring	positiv	phonologisch
Linien	negativ	Kontroll	Ring	positiv	visuospatial
Linien	negativ	phonologisch	Ring	positiv	Kontroll
Linien	negativ	visuospatial	Ring	positiv	Kontroll

Anhang C

Tabelle 1

*F-Werte und Signifikanzniveau der Effekte in der 2x2x2x2-ANOVA bei einem Cut-Off-Wert von 80%
und mit df = 1*

Varianzquelle	F-Wert	Signifikanz
Experimentalbedingung	6,198	.028
Reihenfolge	1,773	.208
Stimulus	0,003	.950
Kategorienstruktur	0,084	.777
Experimentalbedingung*Reihenfolge	1,478	.247
Experimentalbedingung*Stimulus	1,773	.208
Experimentalbedingung*Kategorienstruktur	0,754	.402
Reihenfolge*Stimulus	1,773	.208
Reihenfolge*Kategorienstruktur	0,164	.692
Stimulus*Kategorienstruktur	0,566	.466
Experimentalbedingung*Reihenfolge*Stimulus	0,003	.955
Experimentalbedingung*Reihenfolge*Kategorienstruktur	0,084	.777
Experimentalbedingung*Stimulus*Kategorienstruktur	0,084	.777
Reihenfolge*Stimulus*Kategorienstruktur	2,095	.173
Experimentalbedingung*Reihenfolge*Stimulus*Kategorienstruktur	0,003	.955

Tabelle 2

F-Werte und Signifikanzniveau der Effekte in der 2x2x2x2-ANOVA bei einem Cut-Off-Wert von 75% und mit df = 1

Varianzquelle	F-Wert	Signifikanz
Experimentalbedingung	11,738	.003
Reihenfolge	2,300	.149
Stimulus	0,256	.620
Kategorienstruktur	0,079	.782
Experimentalbedingung*Reihenfolge	2,300	.149
Experimentalbedingung*Stimulus	0,710	.412
Experimentalbedingung*Kategorienstruktur	0,003	.956
Reihenfolge*Stimulus	0,003	.956
Reihenfolge*Kategorienstruktur	0,256	.620
Stimulus*Kategorienstruktur	0,912	.354
Experimentalbedingung*Reihenfolge*Stimulus	1,139	.302
Experimentalbedingung*Reihenfolge*Kategorienstruktur	0,003	.956
Experimentalbedingung*Stimulus*Kategorienstruktur	0,003	.956
Reihenfolge*Stimulus*Kategorienstruktur	0,256	.620
Experimentalbedingung*Reihenfolge*Stimulus*Kategorienstruktur	1,139	.302